JN294225

また、あの人と働きたい

辞めた社員が戻ってくる！
人気レストランの
奇跡の人材育成術

黒岩　功
レストラン「ル・クロ」オーナーシェフ

Nanaブックス

企画協力／松尾昭仁（ネクストサービス株式会社）
天田幸宏（コンセプトワークス株式会社）
協力／ＮＰＯ法人企画のたまご屋さん
編集協力／東　雄介
装丁／本文デザイン――井上祥邦（yockdesign）
ＤＴＰ――福原武志（エフ・クリエイト）

はじめに

まず、自己紹介をさせてください。

僕の名前は、黒岩功といいます。

僕は、フランス料理のシェフであり、大阪で「ル・クロ」というフレンチレストランを経営しているオーナーです。

生まれは鹿児島。21歳でスイスに渡ると、それからヨーロッパで3年間、三つ星レストランの「タイユヴァン」や「ラ・コート・サンジャック」などでフレンチの修業をしました。帰国後、31歳で独立し、ル・クロの1号店をオープンさせてから、今年で13年目を迎えます。

大変ありがたいことに、ル・クロはたくさんのお客さまに愛されるレストランに成長することができました。

1号店は、裏路地の和食店を改装した「靴を脱いで、掘りゴタツでお箸を使って楽しめるフレンチ」。2号店は、フロアごとに異なるコンセプトを用意した、6階建てのレストラン。3号店はチャペルを併設し、レストランウェディングをご提供する、大規模店。そして今年の夏、修業時代からの念願だったパリ出店を果たす予定です。聞くところによると、大阪のフレンチレストランとしては初めてのパリ進出らしく、お客さまからのご期待、ご声援をいただきながら、準備を進めているところです。

そんなル・クロが、業界内外に「一風変わったレストラン」としても知られるようになったのは、いつごろからだったでしょうか。

いわく、

「一度辞めた社員が、また戻ってくるレストラン」

確かに、そうなんです。ル・クロで働く約40名の社員のじつに3割がそんな「出戻り社員」です。彼らは一度は会社を辞めましたが、その後返り咲き、会社を盛り上げてくれています。

飲食業界で働く人間というものは、みな「自分の店を持つ」という夢を持っています。そのため、キャリアアップのチャンスを求め、数カ月～数年単位で、職場を転々とするのが一般的です。それはレストランの側からすれば、解決しようのない悩みのタネとされてきました。優秀な人材が居つかず、また新人を一から育ててもいずれ店を出ていってしまうため、つねに人材難に苦しんでいるという問題を構造的に抱えているのです。

ところが、そんな業界のなかにあって、ル・クロは人材難とはまるで無縁なんです。学生や他店の社員からの就職希望者が後を絶たないので、求人広告は創業から12年間で2回しか打ったことがありません。

そして、一度は「卒業」した社員も、なぜか戻ってきてくれる。

「もう一度、働かせてください」

「ル・クロでしか得られないものが、ここにはあるんです」

「お金じゃないんです。もう一度、働かせてください」

そう言って戻ってきた社員たちは、以前にも増してル・クロを愛し、ル・クロの若い社員たちを引っ張る存在として活躍してくれるようになります。

彼らの将来性を見込んで採用し、手塩にかけて育ててきた人間として、これほどの幸せはありません。僕にとって、彼らは家族同然なんです。

本当に、かつての僕からすれば、まるで夢のよう。

なにせ僕は、ひどい劣等生として幼少時代を過ごしました。

のちほど詳しくお話ししますが、喘息持ちで身体が弱く、成績は最悪で落第寸前。家庭にもいろいろありまして、僕はコンプレックスの塊でした。

そんな僕が変わり始めたのは、小学校4年生の時の、家庭科の授業がきっかけです。その日はたまたま、授業参観日。僕たちの親が見ているなかで、先生は子どもたちに言いました。

「誰か、キャベツの千切りができる人？」

そのとき、たった一人手を挙げた子どもが僕でした。先生の、心配そうな顔ときたら。きっと千切りができるというのは子どもらしい小さな見栄で、せいぜいザク切りにする程度だと思っていたのでしょう。それにまさか、劣等生の黒岩くんが、と。

でも僕は、教壇の上で、完璧な千切りをしてみせました。

しょせん子どものすることですから、細かく見たらそんなにきれいものではなかったはずです。それでもちゃんと、一枚ずつキャベツの葉をはいで、くるくると巻いて、包丁をたんたんたん。僕にとっては、ごく当たり前にできることだったんです。両親が家を不在にすることが多く、幼稚園のころから包丁を振るっていましたからね。

周りはもう、びっくりです。さっきまで心配顔をしていた先生もそうですが、何より、周りの子どもたちの僕を見る目が、一瞬にして変わりました。

すごい！　黒ちゃんて、そんなことできたん？

そう言って、みんなが僕を褒めてくれました。授業を見ていた両親に至っては、何でもビリだった僕が一番になれたことが、うれしいやら、信じられないやらでボロ泣きしていました。

「なんだ、そんなことで」と思われてしまうかもしれない、小さなエピソードであることはわかっています。でも、僕の人生はこれで変わりました。

料理だったら、僕はスーパースターになれる。料理だったら、両親に喜んでもらえる。劣等生だった自分を変えられるに違いない。

そう思い込んだ僕は、小学生にして、料理人になることを決意したのです。その後、高校を卒業すると同時に鹿児島を離れ、本格的に料理の道を歩んでいくことになります。

ル・クロのようなレストランを作る、というイメージが固まったのは、ヨーロッパでの修業時代でのことです。

最初の職場として選んだスイスのレストランに、その人はいました、シェフとして勤めていた、ドイツ人のフーバーという人物です。

タネ明かしをしてしまえば、ル・クロという「辞めた社員が戻ってくる」レストランは、このフーバーに多大な影響を受けています。

そのレストランは、スイスのなかでもドイツ語圏にあたるチューリッヒにあり、またアメリカ、アフリカ、中東、ヨーロッパ、アジアと、あらゆる人種の集まる場所でした。言葉も文化も宗教もバラバラなスタッフたちですから、諍《いさか》いごとは日常茶飯事です。

しかし、彼らは同時に、一つのチームとして団結し、日々生き生きと仕事をしていました。それは、フーバーがいたからです。彼は、特別めずらしいことをしていたわけではありません。一言で言えば、すべてのスタッフを「家族」として扱っていた。みんなの気持ちを完璧に把握し、時に私たちを喜ばせ、時に厳しく叱りました。フーバーは、どのようなスタッフに対しても等しく愛情を注ぎ、またスタッフたちもフーバーを愛しました。こうして、まさに「多国籍軍」ともいえる手強いスタッフたちを、フーバーはまるでオーケストラの指揮者のごとく、自由自在に動かしていたのです。

僕は思いました。いつか必ず、フーバーのようなシェフになる。日本に帰ったら、フーバーがつくったような組織を形にしてみせる、と。


幼少期の体験と、ヨーロッパでの修業。ここから僕は、二つのことを学んだように思います。

一つは、「コンプレックスは力になる」ということです。

コンプレックスに苦しみ、まだ自分のポテンシャルを開花させていない、劣等感を持った人間には、成長の余地が無限に残されているからです。

つまり、コンプレックスは成長する上での最大のエネルギーになるということ。もし、そのエネルギーに火をつけることができたら、人はどこまでも伸びていくことができるのです。僕自身、コンプレックスを持ち、「こんな自分を変えたい！」と思うことがなかったら、英語もフランス語もドイツ語もできないのに日本を飛び出してヨーロッパで修業することもなかったと思います。

そしてもう一つは、人材の力を引き出すのは、すべて環境づくりにかかっているということ。

上司から部下への働きかけによって、どのようなバックグラウンドを持った人材の集まりであっても、一丸となって最高のパフォーマンスを発揮できる。つまり、人は組織によって、変わり、育っていくのです。

現在のル・クロは、こうした学びを、現在の自分なりに形にしたものです（でもまさか「辞めた社員が戻ってくる」ようになるとまでは、予想がつきませんでしたが）。

本書では、そんなル・クロが実践している人材育成の手法を中心にご紹介しています。

一言でいえば、それは「お金以上の仕事の対価」を社員に気づかせる環境づくりです。

くり返しますが、僕自身はもともとただの劣等生、天才料理人でもなければ、カリスマ経営者でもありません。ル・クロで働く社員たちもまた、特別な才能を持たないどころか、僕同様にさまざまなコンプレックスを抱えている人間の集まりです。

しかしル・クロには、そんな社員たちのポテンシャルを無限に引き出し、一度辞めた社員までもが「また、ここで働きたい」と思わずにはいられない環境があります。この環境こそが、ル・クロという会社の最大の強みなのです。

人を束ねる立場にある経営者や上司にとって、なにより大切な仕事は、そんな環境づくりだと僕は考えています。環境さえつくれば、どのような組織であっても、社員たちのすべてが「ここで働きたい」と思うような、魅力あるものに変えることができるのです。

願わくば、この本を読んだみなさんが、「お金よりも大切なもの」に気づいてくれますように。また、みなさんの部下に、「お金よりも大切なもの」を気づかせることができますように。

黒岩　功

また、あの人と働きたい

Un menu

はじめに…3

Chapitre 1

「誰と働くか」が問われる時代

◉一度辞めた社員が、また戻ってくるレストラン…18
◉コンプレックスを持つ人間ほど自分の成長を強く求めている…21
◉「それまでと違う自分に出会う喜び」を感じさせる環境づくり…25
◉スイスで出会った「スタッフを孤独にさせない」上司…29
◉喜びも悲しみも共有する、家族のような仲間たち…34
◉「尊敬できる先輩」がインセンティブになる職場づくり…36
◉組織は畑であり、社員は種である…39
◉「お客さまの喜びを自分の喜びとする」スピリッツを共有する…42
◉「○○したい」に気づかせるのも上司の役目…45
◉リーダーは「人を育てる喜び」を仕事の対価とする…49
◉ル・クロの仕組みに影響を与えた『成功哲学』…52
◆スタッフアルバム①…54

Chapitre 2

出戻り社員が主役になる仕組み

◉一度社外を見た人ほど強い意志をもって帰ってくる…56
◉営業を休んでまでミーティングを行う理由…61
◉すべてのお客さまにおうかがいを立てさせる…64
◉仕事のなかに埋もれた「宝物」を掘り起こす…70
◉辞めていく社員にエールを送る組織に、人は集まる…75
◉「逆算思考」がスタッフの目標達成を後押しする…78
◉「大変＝人が大きく変わるとき」だと理解させる…83
◉修業中のスタッフに届く言葉…86
◉すべての取引先を大切にする…89
◉「職業人として」のみならず「人間として」の成長をサポートする…92
◆スタッフアルバム②…94

Chapitre 3

正社員の底力を活用する

◉バイトなし、全員正社員の理由…96
◉オーナーの出身地鹿児島でリクルート…98
◉面接では「長所」よりも「コンプレックス」を聞き出す…100
◉異質な力を持った人間を機能させるには…106
◉「理由づけ」のできない指示はするな…108
◉「がんばっても先が見えない」不安を排除する…112
◉暗いトンネルの先を見せてあげる働きかけ…115
◉本意→本質→真意のプロセスを経た人材を昇進させる…119
◉12年で2回しか求人広告を出さない理由…123
◉会社の主役は、オーナーではなくスタッフたち…126
◆スタッフアルバム③…130

Chapitre 4

朝まで語り合える関係性の作り方

◉握手は気持ちを切り替えるスイッチ…132
◉毎日のミーティングでその日の行動を徹底的に振り返る…135
◉疲弊する新人を助けるのは、技術よりも「考え方」…138
◉未来をつくる「仕事表」…141
◉3か月に一度の面談は飲みニケーションで…145
◉部署の壁を取り払うフリーフェンスの法則…150
◉部下のチャレンジを全力で応援するフリーチャレンジ…153
◉サービス業では笑顔が真顔…156
◉決算など経営指標はすべて公開する…159
◆スタッフアルバム④…164

Chapitre 5

主体性を引き出すモチベーション管理術

◉クレドカードを読み合わせて「キャリテ・プリ」を浸透……166
◉明文化されたルールは極力作らない……171
◉料理人であってもサービスを学ばせる理由……173
◉「スタッフケアシート」で部下を見る目を養う……176
◉昇進において実力以上に求められるもの……180
◉お店同様の「おもてなし」を社員に体感させる……182
◉「やらされ仕事」をゼロにするプロジェクト挙手制度……185
◉ing表は経営者を孤独感から解放する……187
◉トップ陣の背伸びを促す「共有メール」……189
◉言い訳から問いかけへと導く……191
◆スタッフアルバム⑤……194

あとがき……195

Chapitre 1

“誰と働くか”が問われる時代

一度辞めた社員が、また戻ってくるレストラン

「せっかく手塩にかけて育てた人材が辞めてしまう」

「いくら新しい人を採用しても、全然定着しない」

部下を持ち、人を束ねる立場にある方なら、多かれ少なかれどなたでも直面する悩みではないでしょうか。

とりわけ僕ら飲食業はそうなんです。ハードワークの反面、若いうちは高いお給料が望めないという環境とあいまって、人の回転がきわめて激しい業界だと言われています。

そんななかにあって、ル・クロは一風変わったレストランに見えるようです。

一度辞めた社員が、また戻ってくるレストラン。
社員たちがみんな、笑顔で働いているレストラン。

そのおかげでしょうか、人材難が当たり前の飲食業界において、**ル・クロは創業から12年間でたった2回しか求人広告を出したことがありません。**

そのほかにも、「なぜル・クロにはそんなことが可能なのか」と驚かれる部分が多いの

です。僕自身、人材に恵まれ、長引く不況にも無縁でここまでやってこられたことを「これは奇跡ではないか」と思うことがあります。

しかし突き詰めて考えれば、その理由は一言で尽きてしまうと思っています。

キャリテ・プリ。

「支払う価格以上の満足度」を意味するフランス語です。

ル・クロでは、このキャリテ・プリを、会社の理念として掲げています。つまり、私たちはお客さまにキャリテ・プリを提供するために存在している。同時にキャリテ・プリとは、すべてのサービスマンにとって、お金以上に価値のある、仕事のやりがいでもあります。**ル・クロでは、すべての社員が、このお金以上の価値を感じながら、日々働いている。**だからこそ、社員がみな生き生きと働き、またそんな環境に魅力を感じて、「ル・クロで働きたい」という人材が来てくれるのです。

僕は、ある出戻り社員が言った、こんな言葉を忘れることができません。

「ル・クロはキャリテ・プリをどこまでも追求できるレストランです。そんなお店は、ほかにありません。もう一度、ここで働かせてください」

スタッフの誰一人として手抜きせず、お客さまのために心を尽くす。そして、お客さまのために尽くしたいという思いが絆となって、ル・クロで働くスタッフたちを強く結びつけています。

僕は、そんなル・クロのスタッフ全員を、心の底から誇りに思います。

「お金以上の対価」を得られる組織に、人は集まってくる

コンプレックスを持つ人間ほど自分の成長を強く求めている

とはいえ、「お客さまのために力を尽くす」と、口で言うだけなら簡単です。実践するにはこれほど難しい理想はないと僕たちもわかっています。上司が「お客さまのために働きなさい」と指示するだけでは、スタッフはそのとおりに動いてくれないことは、部下をお持ちの方であればどなたもご存じのことかと思います。

どうしてル・クロではそれを実践することが可能なのでしょうか。

それは**「お客さまの喜びを自分の喜びとする」人材を育成するための環境をつくったか**ら、というのが僕の答えになります。

まず、僕が採用するスタッフからして変わっています。

というのも、ル・クロには、オーナーの僕から高校を出たての新人に至るまで、飛び抜けた才能の持ち主はいません。人間性がすばらしいのは間違いありませんが、彼らはみんなそれぞれの「コンプレックス」を持ち、いわゆる優等生はごくわずかです。

ル・クロを評価してくださるみなさんは「彼らがコンプレックスを持っているなんてとても信じられない」とおっしゃいます。

おかしな話に聞こえるかもしれませんが、実は僕も同感です。ル・クロで働くスタッフは一人残らず、安心してお客さまの前にお出しできる優秀なサービスマンです。この会社のいちばんの財産は彼らスタッフだと、僕は自信を持って言えます。

しかし、そんな彼らも、昔は少なからず劣等感を持っていました。私はそれを知っています。後述しますが、ル・クロでは採用面接の際に彼らがどんなコンプレックスを持っているか、確認しているからです。

僕は、コンプレックスを抱えている子たちが好きです。できないことがたくさんあって、何度も悔しい思いをしてきて、自分に自信を持てない子たちが好きです。

コンプレックスに苦しみ、まだ自分のポテンシャルを開花させていない人材たち。それは彼ら自身、自分の成長を強く望んでいることを意味しています。もし、目の前の仕事に打ち込むことでコンプレックスが解消されるとわかったら、100%のやる気をそこに注いでくれます。**コンプレックスを持つ彼らほど仕事に打ち込み、自分が成長することに、大きな喜びを感じられる人はいないのです。**

それは、彼らに成長の余地が無限に残されていることを意味しています。また、胸のうちにそのようなコンプレックスがあればあるほど、彼らが成長を求めるエネルギーは強くなることでしょう。

そしてル・クロは、彼らがコンプレックスを解消できる環境を用意することを、人材育成の第一の狙いとしているレストランでもあります。

僕は、どこまでも成長を追い求める人材と一緒に働きたいのです。

誤解されると困ってしまうのですが、僕は「優等生はいけない」と断言するつもりはありません。とはいえ、優等生が、成長を求めるエネルギーに欠けているような気がするのも、また事実です。

優等生とは、よく言えば、若いうちから自分が完成していて、自信満々の人です。何か問題が起きたときは自分のせいだと思わず、人のせい、環境のせいにする傾向がないでしょうか（もちろん、そんな人ばかりではありませんが）。

これは、優等生に成長の余地が残されていないことを意味しています。それでは、日々の仕事のなかで成長の喜びを味わうことも難しい。

くり返します。僕は、成長を望み、仕事のなかで喜びを感じられる人と、一緒に働きたい。また、彼ら自身も、やがてそのような思いをもった人間と働きたいと願うようになるのだと、僕はこれまでの経験から断言できます。

もし、そんなコンプレックスを持った子たちに自信を持たせ、育てることを面倒に感じたり、「どうせ優等生じゃないから、手をかけるだけムダだ」と見くびるような態度をとる上司の方がいるのだとしたら、大変残念なことです。

そんな人にこそ、ぜひ、僕の話を聞いていただきたいと思っています。

僕はむしろ、コンプレックスを持っている子に出会うとうれしくなってしまいます。「よっしゃ、よっしゃ！」と両手を広げて出迎えてやりたくなるのです。そして心底「うらやましいな！」と思います。だって**彼らはこれから、仕事のなかで成長していく喜びを存分に味わえる**のですから。

コンプレックスがある人材ほど、成長する喜びを味わえる

「それまでと違う自分に出会う喜び」を感じさせる環境づくり

コンプレックスがあればあるほど、人間は強く成長を求める。これは、ほかならない僕自身がこれまで生きてきたなかで得た実感でもあります。

なにしろ、僕自身がひどい劣等生でした。

スタッフに言わせると

「ムッシュ（ル・クロ内での私の呼び名です）が劣等生だったなんて、とても信じられない。こんなにいつも自信満々なのに……」

ということらしいのですが、彼らに小学生のころの僕を見せてやりたいです。

喘息持ちで身体が弱く、成績はオール1、引っ込み思案でおしゃべりする友達すらいない。「なんで僕はこんな人間なんだろう」と、自己嫌悪の毎日でした。

例の「キャベツの千切り」のおかげで、小学四年生ぐらいから少しずつ自信がついてきました。それでもコンプレックスを100％ぬぐい去れたわけではありません。言いにくいことですが、身内の借金のせいで一家は離散。高校を卒業してあこがれの大阪に出てみても、鹿児島弁が抜けず恥ずかしくてたまりませんでした。信頼していた人に手ひどく裏切られたこともありました。

これが、かつての僕です。僕はいつも、コンプレックスを抱えながら生きてきたんです。正直に言います。若いころの僕は、「いつか見返してやる！」というハングリー精神が、いちばんの原動力でした。ですから今、僕がル・クロを3店舗まで広げ、パリに出店できるまでに成長させることができた理由の一つは、コンプレックスのおかげ。**コンプレックスは、人生を切り開く最強の武器になるのです。**

そしてもう一つ、僕がコンプレックスとつき合ってきてわかったことがあります。じつは、コンプレックスが武器になるのは、そこからハングリー精神が生まれるから、という理由だけではないのです。

それは、**コンプレックスを乗り越えたときの喜びは、かけがえがないものだ**ということです。まさに、価値観が１８０度変わってしまうような衝撃。それまでとは違うまったく新しい自分に出会えたような気分になるんです。それが最高にうれしくて、**コンプレックスを乗り越えようと努力することが癖になってしまう**のです。

こうした喜びは、コンプレックスが一つもない優等生には想像しにくいかもしれませんね。

たとえば、長年患っていた腰痛が、ある日突然治ったらどれだけの解放感があるか、想像してみてください。寝ても起きても腰が痛くて、一日中腰のことが頭から離れず、遊びにも行けず仕事も満足にできない、外に出ることすら面倒だ。そんな痛みがピタリと止まったら、生まれ変わったように身体が軽く感じられるはずです。

僕が言いたいのは、こういうことです。

コンプレックスを持っている子は、「まったく新しい自分に出会う」喜びを味わえる。

それは、お金以上に大切な仕事の対価になる。ル・クロではそう考えています。

ル・クロにおける上司たちの役割も、ここにあります。僕たちの役目は、ル・クロをそんな喜びを味わえる舞台にすること。ここで働くスタッフたちに、

「この仕事を通じてコンプレックスを解消できるよ」

「この仕事をしていたら、まったく新しい自分に出会えるよ」

と日々の業務のなかで気づかせていくことなんです。もし、ル・クロ流の人材育成術と呼べる仕組みがあるとしたら、そうした**お金以上の仕事の対価を、日々の仕事のなかで気づかせていくメカニズム**だといえるでしょう。

ル・クロの人材育成術は、上から一方的に押しつけるのではなく、スタッフたちに「気づかせる」ことに特徴があるのです。

たとえば「コンプレックスを解消しろ」「お金以上の価値を仕事に見出せ」だなんて、言葉で言うだけなら誰でもできます。でもそれは、コンプレックスに悩んできた彼らのそれまでの人生を無視した、無責任な言葉にすぎません。

もし、スタッフの成長を本心から願うならば、そうした「気づき」を促すための、僕ら上司からの具体的な働きかけが必要になる。ル・クロではたとえばそれが毎晩のミーティングであったり、日々の業務における細かな声かけであったりするのです。

仕事の喜びは、押しつけるのではなく、気づかせるもの

スイスで出会った「スタッフを孤独にさせない」上司

ル・クロがフレンチレストランとしてご高評をいただけるまでに成長できたのは、人材を生かす環境があるからだと思っています。

つまり、社員たちに「この店で働き続けたい」と思わせる環境が、スタッフを情熱的に仕事へと突き動かしているということです。

もちろん、私はただ親切でスタッフに接しているのではありません。何をするにも、行き着く先は必ず、お客さまにキャリテ・プリ、すなわち支払う価格以上の価値を提供するため。そこが少しでもブレることがあっては、会社の存在意義を失います。

しかし一方で、会社は人材がすべてだと思っています。そして**優れた環境があってこそ、人が生きる**。たとえ才能も経験もない、コンプレックスだらけの人間であっても、優等生以上の成果を上げ、生き生きと働くことができる。そうでなければ、お客さまに対してキャリテ・プリを提供することもできないと思うのです。

では、そのような人材が育つ環境とは、どのようなものなのでしょうか。

そのヒントは僕の修業時代にありました。

僕は、21歳でスイスに渡り、それ以降3年間、三つ星レストランの「タイユヴァン」や「ラ・コート・サンジャック」などで本場のフランス料理を学びました。なかでも、もっとも印象深いのは、日本を飛び出して最初に働いたスイスのレストランです。

そこは、あらゆる国籍のごった煮のようなレストランでした。

永世中立国であるスイスという国には、実にさまざまな国籍を持つ働き手がやってきます。アメリカ、ヨーロッパ、アジア、アフリカ、アラブ。私の実感値ですが、目にした人の国籍は70以上に上るでしょう。

僕はそこで、「人間が10人いたら10とおりの考え方を持っている」という当たり前の事実を思い知らされました。

日本にいるときは、いくら他人といっても同じ「日本人」ですから共通の文化・習慣に基づいてコミュニケーションができました。ところが、スイスのそのレストランでは、スタッフ一人ひとりのバックグラウンドが、あまりに違いすぎたのです。

その場にいる人間すべての国籍がバラバラ、日常会話こそ英語でなんとかこなせていたものの、そのほかは礼儀から食習慣から全部違うわけです。たとえばイスラム教を信仰するスタッフは、忙しいランチタイムにいきなり絨毯を敷いて、祈りをささげていました。またキッチンの仕事だというのに平気で断食をするのです。これでは料理を味見することもできません。もっとも、僕だって日本語しか話せない落ちこぼれでしたから、彼らは彼らで僕の扱いに困っていたのかもしれませんが……。

ご自分で想像してみてください。もしも自分の部下がみんな外国人で、英語すらおぼつかない、言語が通じない相手だったとしたら。

同じ日本語を話す相手にすら「最近の若い奴らはどうなっているんだ！」などとギャップを感じているような方なら、きっと話しかけることすら恐怖でしょう。それどころか、そのようなあらゆる意味でバラバラな彼らをうまく働かせて、キッチンを回すだなんて、途方もないことのように思えてきませんか。

しかし、そんな彼らをたった一人でまとめていたすご腕シェフがいました。彼の名はフーバーといいます。

いや、フーバーは、ほんとにすごかった。

どんなスタッフがやってきても、フーバーの振る舞いは同じでした。

あのころ、僕の周りにいた外国人スタッフたちは、基本的に1年間しかお店にいられませんでした。要は、みなスイスに出稼ぎに来ている労働者たちですから、1年間のワーキングホリデーを利用していたのです。そのため1年たったらみんな母国へ帰っていき、またかわりに1年限定の新人スタッフがお店に入ってくるというわけです。つまり、人の回転がきわめて激しい職場だったということです。経験を積んだベテラン社員がおらず、お店にはつねに新しいメンバーしかいない状況です。

そんなふうに、人種が入り乱れ、仕事の出来不出来もバラバラ、そんな現場をフーバーが平気で束ねているのは、まさに神業のように見えました。なにをしたらそんなことが可能なのか、最初のうちはさっぱりわかりませんでした。

でも、よくよく観察していくと、だんだんわかってきたことがあります。**フーバーがやっていたのは、スタッフに対する「おうかがい」でした。**

ここでいう「おうかがい」とは、相手をつねに観察し、相手の心の状態を把握することです。

「こうしたらこのスタッフは喜ぶんだろうな」
「こういう言い方をするとやる気が出るんだな」

言葉によるコミュニケーションはスムーズでなくても、フーバーは全部わかっていました。スタッフみんなの気持ちにおうかがいを立てて、みんなが喜ぶことをする。怒るときはしっかり厳しく怒る。僕もよく怒られました。

反面、僕をすごくかわいがってくれたこともよく覚えています。

思い返せば、いくら修業時代とはいえ、僕は扱いに困るスタッフでした。なにせ僕は高校時代の英語の最高得点が一ケタ。スイスはドイツ語圏なのですが、もちろんドイツ語なんて聞いたことすらありませんでした。つまり僕は、言葉による意思疎通がまったくできないまま働いていたのです。

それなのに、僕は職場で孤立しませんでした。

みんなに邪険に扱われることもなく、休みの日には「一緒に行こう」とドライブに連れ出されたり、パーティに誘ってもらえたり。パーティといっても言葉が全然できないので、ボディランゲージをするので精一杯でしたが、みんなが僕に言葉を教えてくれました。

きっと、そこで働いているスタッフ全員が、同じような気持ちだったと思います。仕事終わりにスタッフみんなで飲んでいると必ず「フーバーはいいやつだ」という話になる。みんながフーバーを尊敬していました。そして誰もがフーバーの下で働くことに喜びを感じていました。

僕たちスタッフは、フーバーと一緒に働きたい、という同じ思いでつながっていたのです。

人材を生かす環境づくりは、「おうかがい」から始まる

喜びも悲しみも共有する、家族のような仲間たち

僕は、フーバーからたくさんのことを学びました。料理はもちろんですが、それよりも人材育成についての学びのほうが、僕にとってははるかに大きな収穫となりました。

たとえば、**「人材育成とは環境づくり」**だということです。

すなわち、どんなに異質なスタッフが集まっていても、環境しだいで最高のパフォーマンスを発揮させることができる。そして、**スタッフが生きる環境をつくるのは、スタッフをとりまとめる立場の人間、つまり上司や経営者である。**

では、環境づくりとは、具体的にどのようなことなのでしょうか。

一つには、人間関係のあり方です。

ル・クロならではの、この人間関係をなんと表現すればいいのでしょう。あえて言うなら、やはり家族がいちばん近い。お互いに信じて、応援して、守って、叱って、笑い合う。**ル・クロで働いている人間たちは、まるで一つ屋根の下で暮らす家族のように、喜怒哀楽を共有し、固い絆で結ばれています。**

この家族のような人間関係は、これからお話しするル・クロ流の人材育成術の大前提になります。つまり、**家族のような人間関係をつくってからでないと、上司がいかに熱心に**

働きかけようとも、部下は成長しない、ということです。

ル・クロ流の人材育成のベースには「スタッフを成長させるのは上司の責任だ」という考え方があります。そのため、上司・部下間のコミュニケーションの密度がきわめて濃いのです。調理やサービスの技術以上に、スタッフの物の見方や考え方についても、ル・クロが求める高いレベルになるまでトップ陣が指導していきます。そして部下は上司の言葉を素直に受け入れ、どんどんと成長していきます。

しかし、こうした人材育成は、いきなりやろうと思ってできるものではありません。端的に言えば、家族でもない「単なる上司」から何を言われてもスタッフの心は動かないからです。つまり、ル・クロ流の人材育成は、上司と部下の間に「この上司の言うことを聞けば成長できる」「自分のためを思って指導してくれている」といった信頼感がなければ、効果を発揮しないのです。

逆に言えば、そういった人間関係さえ構築できれば、どんな組織においても、ル・クロ流の人材育成は可能になるはずです。

「家族のような人間関係」が人材育成の土台になる

「尊敬できる先輩」がインセンティブになる職場づくり

問題は、どうしたらそんな家族のような関係がつくれるかということです。

端的に言えば、「**われわれ上司が、スタッフの心状（＝心の状態）をしっかり把握する**」ことなのですが、これが難しいのです。

想像してみてください。それまで人材育成なんて興味を持たず、部下との関係も冷え切っていた上司が急に乗り気になって、

「おい、もっと心を開け」

「家族のような関係になろうじゃないか」

などと持ちかけたところで、はいわかりましたと応える部下はおそらくいないでしょう。きっと「なんだ急に……」といぶかしがられておしまいです。一般的には、部下は上司に本音を明かそうとはしないからです。

このように、無理に心のうちを聞きだそうとしてもダメ。もちろん上司が上から目線で説教してもダメ。では、どうするか。

ル・クロでは、**部下の話を聞く前に、まず上司が自分の話をするという姿勢を徹底しています**。仕事に対する考え方や、スタッフを指導するときの気持ち、密かに抱いているコ

ンプレックス。とにかく何でも話します。

たとえば僕だったら、かつてひどい劣等生だったことを話すわけです。身体が弱く成績はオール1。おしゃべりする友達すらなくて「なんで僕はこんな人間なんだ」と自己嫌悪の毎日だった小学生時代。鹿児島弁が抜けず恥ずかしかった修業時代。「いつか見返してやる」という気持ちが原動力だったこと。

スタッフとの初対面の場である採用面接においてもそうですし、日々の業務の合間や、朝晩のミーティングなど、機会をみつけては、僕が昔劣等生だったことをくり返し話しています。

なぜそんなことをするかというと、僕がどんな人間なのかわかってもらい、スタッフに安心してもらうためです。

僕が普段何を考えていて、何のために働いていて、どんなときに喜び、悲しむのか。それを知ったスタッフは、いわば僕という人間の「取り扱い説明書」を手に入れるようなものです。上司がどんな人間なのかわかれば、つき合い方もわかります。つき合い方がわかれば怖くないし、部下も安心できるというわけです。トップが気分屋だとしたら、部下はトップとのつき合い方がわかりません。こうして、部下のほうから話したくなるような場や時間をつくること。これが、家族のような関係をつくるためのはじめの一歩だと僕は思います。

上司は自分の「取り扱い説明書」を部下に授けるべし

組織は畑であり、社員は種である

人材を育てるのは環境である。僕はこうした考え方を、ル・クロという店名の意味にも込めているつもりです。

ル・クロとは、フランス語で「畑」を意味する言葉です。そもそもは、1号店をオープンする直前に店名に迷い、「黒岩のクロを入れよう」と思って辞書を調べているうちに見つけたものです。

当時の僕はそこに、「何もない更地を、自分の力で耕して、畑に育てていこう」という思いを込めました。

「畑」というのは実にさまざまな意味をイメージさせる言葉です。

お客さまから「どうして畑なんですか？」と聞かれるたびに、

「お客さまという太陽から光を浴びて成長して、実り多い畑にしたいからです」

「いまは成長した穂が頭を垂れて、お客さまに感謝している状態ですよ」

などと答えていた時期もあります。もちろん、今でもそう思っています。

しかしあるとき、人材育成においても「畑」という言葉がとても大切な意味を持っていると気がついたのです。

組織は、人材という「種」が育つ「畑」であるべきだ。

人材育成においては、組織は畑。社員の一人ひとりが種である。僕はそう思っています。僕たちトップ陣も畑の側、正確に言えば畑を耕す人でしょうか。

僕が言いたいのは、種が無事に芽吹いて大きな実りとなるかどうか、それは100%畑の側に責任があるのです。

つまり、**部下を成長させるのは上司の役割である。部下は、上司からの働きかけによってどのようなかたちにも変わり、どこまでも育っていく**のです。

逆に、そういった働きかけがなければ、種は芽を出しません。「種をまいたら勝手に育って実をつける」というのは、誤解なんです。

農家の方がたがどんな暮らしをしているか、想像してみてください。土を耕して種をまいて。どれもまだ、どんな色や形をした実をつけるかわからない種です。それでも、毎日水やりを欠かさず、その種に見合った肥料をやる。雑草が茂れば刈ってやる。茎が折れそうなら添え木が必要です。台風に見舞われたら、通り過ぎ去るまで囲いを作って風と雨から守ってやらないといけません。

同じだけの手間暇をかけて、組織という畑を耕さなければ、社員という種は芽を出すことはありません。たとえばそれが、毎日のミーティングであり、細かな声かけだというこ となのです。こうした畑を耕す作業こそ、僕たち上司の役割です。実りとは、そうやって毎日目をかけて、精魂込めて育てた果てに得られるものだということを、忘れてはいけないと思うのです。

したがって、ル・クロにおいては、仕事のできないスタッフを「切り捨てる」という発想もありません。「成果を出せないのは社員の自己責任、クビになって当たり前」と考える組織があるのは知っています。しかしそれは、畑を作る役割である上司や経営者が責任を放棄している組織だと、僕は思うのです。またそのような組織では、トップ陣の人間力も成長しないでしょう。

上司の働きかけによって、部下はどこまでも成長していく

「お客さまの喜びを自分の喜びとする」スピリッツを共有する

フーバーから学んだことであり、また僕が修業時代を通じて考えていたことの一つに、**「仕事の対価はお金だけではない」**ということがあります。

フーバーの下で働いていた僕たちは、フーバーという人間とともに働くことにお金以上の喜びを感じていました。事実、僕などは、修業中の身ですから給与などほとんどなかったのです。また、「コンプレックスを解消する」というのが大きな仕事の対価となることも、すでにお話ししたとおりです。

そして今、**ル・クロで働くことのもっとも大きな対価は、「お客さまの満足」をどこまでも追求できる、ということにほかなりません。**それは、ル・クロの存在意義そのもの。キャリテ・プリをお客さまに提供することこそ、サービス業に従事する僕たちにとっての最大の喜びなのです。ル・クロには、飲食にかかわるすべての人間（飲食人）は、まずサービスマンであれ、という考え方があります。それは料理人であっても、ソムリエであっても、経営者であってもそうなのです。

そして、ル・クロには、お客さまの満足をどこまでも追求できる環境が用意されています。そのための環境づくりを、僕らが精魂こめて続けているからです。のちほど触れますが、料理人であっても、キッチンで料理を作るだけではなく、お客さまに料理をサーブするところまでを仕事としているのは、その一例です。

だからこそ、お客さまの喜びのために尽くしたいと願う優秀な飲食人が、ル・クロには集まってくるのです。

再三話しているように、ル・クロには一度会社を辞めてから戻ってきた「出戻り社員」が何人もいます。

彼らは戻ってくるとき、こんなことをいいます。

「他店のオーナーは、お客さまのほうを向いていない。目先のお金しか考えていない」
「がんばっているスタッフを『そこまでしなくても』とくさすような雰囲気があった」
「ル・クロほどお客さまのほうを、スタッフ全員が完璧に見ている職場はない。だから僕は戻ってきました」

確かに、彼らの言葉のとおり、さまざまな会社のなかには、年功序列が厳しすぎたり、がんばらない人間ががんばっている人間の足を引っ張ったりするところもあります。スタッフが「仕事に思う存分打ち込みたい」と思っているのに、組織がその障害になっているのだとしたら、とても残念に思います。

しかし彼らは、どこで働くかよりも、誰と働くかを優先させた結果、一度は辞めた会社に戻ってきました。ル・クロでは、オーナーから洗い場の新人まで、全員が同じ「お客さまのため」に仕事をしているという思いを共有しているのです。ちなみに僕は、調理場のなかでも洗い場が特に好きです。だって、お客さまの満足の証しである、料理がきれいに平らげられたお皿を目にすることができるのですから。

人は、同じ理想を共有できる仲間と働くことを願っている

「○○したい」に気づかせるのも上司の役目

誤解してほしくないのは、僕はお金を求めるのがいけないと言っているのではないということです。僕は、どのような欲であれ、捨てろだなんて言うつもりはありません。むしろ僕は、もっとたくさんの欲を持ってほしいとスタッフにははっきり言っています。

なぜなら、**お金のため「だけ」に働く気分というのはつらいものです。たくさんの欲を持つからこそ、人間は生きるエネルギーがわいてくる。だから、お金以外の対価をたくさん見つけ、そのために仕事をしてほしい**のです。

本来、日々、最高の仕事をしていたら、スタッフたちはお給料以上の対価をたくさん発見していきます。ル・クロはそのための場として僕たちがつくり上げてきたものでもあります。僕たちが言葉で「もっとお客さまに感謝しろ」などと指導したところで、スタッフが動くはずがない。スタッフが日々、自ら感謝の気持ちを体験できるからこそ動くのです。僕たちトップ陣の仕事はスタッフがそんな体験をするための環境を整えること。究極的には、それしかないと思っています。

そういう姿勢を持っていない会社や上司が、「最近の若い子は」という言葉をつかって、部下に責任を押しつけるのでしょう。

僕自身、「最近の若い子は」と口にしそうな瞬間がないわけではありません。でも、若者の振るまい方に年上の人間が眉をひそめるのは、いつの世でも同じことではないでしょうか。表面上は変わったように見えて、人間の根っこの部分は何年たっても変わっていないというのが、僕の考えです。

その変わらない核にある部分。それが、人間を突き動かしている「欲」だと思うのです。人に喜んでもらえたらうれしい。それも欲の一つですね。性欲や食欲、名誉欲、いろんな欲があります。もちろん金銭欲も、その一つでしょう。

こういう欲はあって当たり前です。たくさんの欲がなければ、人間は生き生きと活動することができません。したがって「お金がほしい」だけで仕事をするのも、人間の本能に即しているともいえます。**お金のために働いてもいいんです。でもそれ「だけ」のために働いていたら、人間としてのエネルギーが枯れてしまう**ことでしょう。人間はお金だけでは、決して満足できない生き物なのです。

ですから悪いのは、**お金以外の欲を「持たないこと」**なんですよ。欲があるから、競争ができる。欲があるから成長できる。だからスタッフには欲を持てと言います。フランス修業に行きたいという欲があるなら応援する、それまで一生懸命がんばれと言っています。

ただし、欲の満たし方については善し悪しがあることは教えたほうがよいと考えています。誰しも、お金がほしいのは当然のこと。でも銀行に押し入って「金を出せ」とやったらアウトです。サービスマンとしての正解は、お客さまを喜ばせた報酬として、お代をいただくことです。

「たくさんの給料をほしいと思う?」そう聞かれたらほとんどの人が「ほしい!」と答えます。大切なのは、そのために何をすればいいのか、これからやるべきことを明確に、正しく知ることです。そのために、僕らトップ陣が彼らに道筋を示す必要があります。

それは、たとえばお客さまを喜ばせること。マネジャーならスタッフが喜んで働ける環境をつくることです、そうすれば自然と給料が上がっていきます。人のために尽くせばいずれ見返りがあります。僕自身、お店に対して100%のやる気と100%の体力を提供することで、給料を得ているのです。同じように、やる気と体力をお客さまのために費やせば、後からお金はついてくる。そんなふうに、スタッフに語りかけるのです。

お客さまの喜びとお金は、対立概念ではありません。お客さまの喜びを追求した果てに、お金がついてくるのです。こうした飲食人としてのあり方を、ル・クロのスタッフには学んでもらうのです。

お金のためだけに働くと、生きるエネルギーが枯れてしまう

リーダーは「人を育てる喜び」を仕事の対価とする

お金だけを対価に働くスタッフは、ル・クロにはいません。スタッフ自身も「お金のことはいいんです」と口にします。もちろん彼らはお金が要らないと言っているわけではありませんよ。ル・クロも修業時代はどうしても給料が少なくなりますが、昇格していけばしっかり給料は増えていきます。

それでも「お給料だけでは働けない」と彼らは言います。僕も、そんなふうには働いてほしくない。

なぜか。やはり、**給料だけでは仕事に飽きてしまう**からです。お金はしょせん数字でしかありません。仕事に飽きたら、以降は家と職場をブーメランのように往復するだけの暮らしが始まります。朝、目が覚めると「ああ、今日も仕事に行かなあかん」と義務感だけで身体を起こす。そうやって出勤してくるスタッフが、お客さまの満足のために尽くせるかといったら、不可能です。

そんなふうに**仕事に飽きないためには、給料以上の対価をできるだけたくさん感じられたほうがいい。**

今、僕自身にとって、お客さまの満足と並ぶ仕事の対価といえるのは、たとえば人を育てる喜びです。

前述したように、僕は組織は畑、人材は種だと考えています。僕は畑の側の人間として、種が芽吹き、実をつけていく様子を眺めることに、この上ない喜びを感じています。この喜びを、ル・クロのなかで人を束ねる側に立っている人間にも、味わってもらいたいと願っています。

ル・クロでは、部下に対して責任を持つ立場の人間を「トップ陣」と呼んでいます。ル・クロのトップ陣に対して僕が教えることの8割は、人材教育にまつわることです。現場での調理やサービスがレストランを回していることは事実ですが、ひとたび現場のスタッフを束ねる立場になったら、その後は「人を育てる」ことが修業になるのです。

畑を耕し、種に水をやり、芽がふくらんでいくのを毎日眺めているのは、絶対に飽きることがありません。

いま、都市生活者にベランダで家庭菜園をしている人が増えているそうですが、単なる息抜き以上の意味があるに違いありません。要は、成長を見るのが楽しいからだと思います。放っておけばすぐに枯れてしまう芽でも、丁寧に世話をしてやれば、その分だけ育ってくれる、立派な花を咲かせてくれる。

同じ喜びを、人を育てることで味わうことができるのです。また、**畑で種が育つのを眺めるのと同じように、人が成長していく様子を眺めるのも、決して飽きることがありません。**

なにしろ、しょせん数字にすぎない給料と違って、人には無限の伸び代があります。それに彼らが育っていくほどに、自然と会社の売り上げも伸びていきます。ですから、経営面を考えても、目の前の数字を追いかけるよりは、目の前にいるスタッフの成長に力を尽くすことが大切になるのです。人の未来の伸び代は、そのまま会社の未来の伸びし代でもあるのですから。

人を育てる喜びは、決して飽きることがない

ル・クロの仕組みに影響を与えた『成功哲学』

次の章から、さらに具体的な人材育成術をご紹介していきます。

これらル・クロの制度や仕組み、理念というものは、僕が生まれ育った鹿児島での体験や、ヨーロッパでの修業時代、そして店をオープンさせてお客さまと接するなかで得た経験などをベースにして生まれたものです。

しかし、そこでもう一つ、僕のバイブルとなっている本に触れておこうと思います。フランス料理の本ではありません。ナポレオン・ヒルの『成功哲学』という本です。

『成功哲学』は、文字どおり誰もが成功する秘訣をテーマとした自己啓発書です。人生哲学から始まって、人を喜ばせることの大切さや、環境が変わることへの恐怖などが書かれています。もともとは先輩に勧められて手にした本でしたが、海外修業に行くときに持っていって以来、これまで数え切れないほど読み返しました。そのたびに新しく書き込みをしているので、どのページもぼろぼろになっています。

海外修業時代にこの本が役に立ったのは、ここに書かれたエピソードにそっくりのことが、毎日のように起こったからです。本で読んだことが現実にフィードバックして、またその体験をもとに本を深く読み込んでいく。それは、今思えば、本で読んだ知見を骨格にして、現場での経験によって肉付けする作業だったのでしょう。僕はその作業を2年以上続けました。おかげで僕は『成功哲学』に書かれていることの大半を、自分の実体験のなかで理解しています。

そして、そこで得たものが、今のル・クロの経営の根本になっているように思うのです。『成功哲学』は、今時の若いスタッフが読むには、エピソードが古くなりすぎているきらいがあります。しかし、ここに書かれている知見そのものは、書かれた当時と同様の輝きを放っています。

僕が、ともに働く部下たちに言葉を尽くすのも、この本の影響なのかもしれません。『成功哲学』が僕に多くを語りかけたように、僕も部下たちに、多くのことを語りかけ、そして働く喜びに気づかせることができたら。僕はそう思わずにはいられないのです。

本が語るように、部下に語りかけるのが上司の役目

The staff's album

ウェディングパーティー

お客さまに対する「おうかがい」の姿勢は、
「関西ウェディング人気NO.1」をもたらした

▲ウェディング料理も事前に選べるシステムを採用。週末は１年先まで予約が入る状態に

◀時には社員が結婚式を挙げることも。サプライズ続出の演出は、社員をもファンにさせる

Chapitre 2

出戻り社員が主役になる仕組み

一度社外を見た人ほど強い意志をもって帰ってくる

ル・クロには一度辞めてほかのお店に移ってから、また戻ってきた人間が何人もいます。2回出ていき2回戻ってきて、今シェフをやっているスタッフもいます。

誤解のないよう僕が保証しますが、彼らはめちゃくちゃ性格のいい人間です。会社を一度は去ったのも、彼らなりに切実な事情がありました。「お客さまの喜び＝自分の喜び」という経営理念を実感できなかった子もいます。より待遇のいいほかの有名店に引き抜かれた子もいます。地元で事業を起こそうと辞めていった子もいます。

結婚するといってやめた子もいます。結婚したらお金も時間も自分一人の自由にはできません。家族のためを考えたら「もっと待遇のいい大きなレストランにいこう」と思うのはごくごく当然の判断です。

でも、そのうち少なくない数がル・クロに戻ってくるのです。僕から「戻ってこい」と言うわけではありません。でも彼らは、こんなことを言います。

「ル・クロにあって、ほかのお店にはないもの。ル・クロを辞めてみてそれがわかりました」

彼らはだいたい「お話があるんですけど……」と僕に電話をかけてきます。着信があったとたんに僕はピンとくるのですが、知らないふりをして「どうした？」と会いにいきます。こちらからは決して「戻ってきたいんか？」とは言いません。彼の話をまず聞いて、彼がなんでも言える場の雰囲気をつくりながら、彼が「戻りたい」と切り出すのを待つのがつねです。

結婚を機に辞めた彼は、はっきりと「お金が大事だと思っていました」と言いました。でも他店に移って働き始めると、自分の理想と現実のギャップに苦しんだそうです。ル・クロで育った彼らは、お客さまのことだけを考えて仕事をする姿勢が頭のてっぺんから爪の先まで染みついています。そのため、それができない環境に強いストレスを感じてしまう。仕事をするほどに元気がなくなり、顔が暗くなる。いつしか「なんか違うよな。ル・クロにいたころはよかったな」そんなことを考えるようになったといいます。

そんな彼が僕に電話をかけてきたのは、奥さんの後押しがあったからだと聞いています。「ル・クロがいいんでしょ！　ムッシュ（ル・クロ内での私の呼び名です）とまた働きたいんでしょ！　私は大丈夫だよ」

ル・クロは、いつでも彼らを歓迎します。

一度ル・クロを離れた彼らは、そのとき僕らがル・クロの価値観を伝えることが難しかった子たちです。辞める彼らを送り出すときの僕はいつも、そのことを心の底から悔やみます。でも、そんな彼らがまた戻ってきてくれたのは、あらためて、ル・クロの価値観に共感してくれたからにほかなりません。僕はそれがうれしいのです。

しかも、彼らは覚悟を決めています。時に恵まれた待遇を捨ててまで彼らはル・クロに戻ってくる。それには大変な覚悟が必要だったはずです。**そんなふうに覚悟を決めて戻ってくるスタッフは、誰よりも意志が強い人間だといえるのではないでしょうか。**

一度、そんなふうに覚悟を決めた人間は、若いスタッフにとてもいい影響を与えてくれます。それはル・クロが掲げている価値観をより上手に、より具体的に、より体感的に伝える力を持っているからです。

ですから、出戻り社員のみならず、ほかのレストランを経て中途入社してきたスタッフも、大変な戦力になっています。本当に感謝しています。

たとえば、こんなスタッフがいます。ル・クロのマネジャーの一人で、20年以上もフランス料理店で働いてきた大ベテラン。年は僕よりも上でした。

彼は面接にやってきたとき「ル・クロみたいな環境がほしかった」と言いました。それまでの職場では、お客さまの喜び＝自分の喜びという確信が持てなかったと。40歳を超えると、マネジャーの職もなかなかみつからないのですが、彼は思い切って前のお店を飛び出してしまいました。

常識的に考えたら、マネジャーが40歳を超えて転職するなんて、とても勧められる話ではありません。特にそのマネジャーは待遇のいい大きなお店にいましたから、ル・クロにきたらお給料は下がり、休みも少なくなります。前職よりもル・クロのほうが、すべてにおいて条件が悪かったのです。

しかも彼はもうじき結婚するというタイミングでした。それなのに、彼は「働かせてください。ル・クロならお客さまのよろこびを追及できると、噂は聞いております」と言いました。

僕は、念のため確認しました。

「お客さまの方向を見ていくのはほんとに大変やで。給料もこれだけしか出せない。それでもやっていけるか?」

でも彼の意志は固いものでした。

「給料はムッシュにおまかせします。もう給料のために働く気持ちないんで」

「でも自分結婚するやん。家族をしっかり養うためには給料は大事やでー」

「いや、それは嫁も理解してくれていますから」

そんな経緯で入社したそのマネジャーは、今年から取締役になりました。今、彼はこんなことを話しています。

「しんどいのはもちろんしんどいです（笑）。でも、精神的にはル・クロのほうがはるかに楽なんです。だって働いているスタッフ全員が、お客さまのほうを向いていますからね。これこそ、僕が求めていた環境なんです」

覚悟を決めた社員は、「ル・クロにしかない価値」を語ることができる

営業を休んでまでミーティングを行う理由

覚悟を決めた出戻り社員の多くが評価する、お客さまの満足をどこまでも追求する環境づくり。その一端をご紹介したいと思います。

お気づきのとおり、「お客さまの満足を追求する」というビジョン自体は、さして珍しいものではありません。おそらくどの組織にも、似たようなビジョンは存在していることでしょう。**もしル・クロがそういった組織と異なるとしたら、そのビジョンをしっかり実行に移していることと、その徹底ぶりです。**

ル・クロでは、スタッフの隅々にまでこのビジョンを浸透させ、日々の行動に落とし込んでいます。それには、あらゆる機会に上司・先輩がくり返しくり返し、さまざまなかたちでスタッフへ伝えていくことが求められます。

こだわりのレストランウェディングをご提供している、ル・クロ・ド・マリアージュでの試みをご紹介しましょう。

おかげさまでご好評をいただき、1年先まで週末のご予約がほぼ埋まっている状態なのですが、その忙しい合間を縫って、毎週火曜日を丸一日かけたミーティングにあてています。スタッフは全員参加。もちろんその日は営業しません。

わざわざ営業を休んでまで何をしているかというと、週末のウェディングに向けた情報共有なのです。

ウェディングプランナー、シェフ、マネジャー、ほかスタッフら全員の前で責任者が週末にいらっしゃるお客さまに関する情報を話すのです。

たとえば、家族構成やお二人の結婚式への想い、授かり婚である、左利きであるなど、事前にわかっている情報をすべて共有し、スタッフ全員が式を挙げるお二人のことをイメージできるようにするのです。

ミーティングの会場には、お二人の写真も置いておきます。その写真は、式を申し込んでいただいたときにスタッフ全員で撮影した、「これから一緒にがんばっていきましょう」という思いのこもったもの。その写真を見ながら、この二人のためにみんなでがんばろうという気持ちを確認するのです。

なぜそんな手のかかることをするのでしょうか。もちろんスタッフの心を一つにするという狙いもあるのですが、それだけではありません。ここまでしないと、お客さまの満足というものを実現できないと考えているからです。

たとえば、一見すると調理場にいて挙式をされるお二人と顔を会わせることのない料理人までがこのミーティングに参加するのは不自然に思われるかもしれません。しかし、料理人がお二人と顔を会わせる可能性はゼロではないのです。

というのも、レストランのなかでもっとも早い時間から動いているのは調理場です。仮に結婚式の当日、新郎新婦が早めに会場に着いたとき、調理場の人間がお二人に「どなたですか?」などと声をかけたとしたら。自分のお店で結婚式を挙げてくださるお客さまの顔を覚えていないなんて、大変失礼なことです。

だからこそ、すべてのスタッフがミーティングに参加する必要があるのです。また、彼らもそれを望んでいます。ここまで「お客さまの満足を追求する」というビジョンを共有するスタッフたちですから、全員が「自分たちに何かできないか」と知恵を絞り、話が尽きることがないのです。

組織まるごとで「お客さまの満足とは何か」を確認する

すべてのお客さまにおうかがいを立てる

おかげさまで、ル・クロ・ド・マリアージュはある結婚式場を評価するサイトで関西圏1位という評価をいただいています。

これはル・クロのお店のすべてにいえるのですが、**お客さまに「おうかがいを立てる」ことを徹底しているの**も、ご好評の理由だと思っています。つまり、お客さま一人ひとりのお気持ちを把握しようと努力しているということです。

たとえば、ル・クロ・ド・マリアージュでは、すべてのお客さまに料理を選んでいただけるサービスを実施しています。招待状と一緒にメニューをお送りして、数十種類の料理のなかから好きなものをお選びいただき、ご自分の好きなコースをつくっていただくのです。

ですから、挙式当日は、お客さま全員が一人ずつ自分だけのコースを召し上がることになります。アレルギーや食材の好き嫌いもうかがいます。たとえば「サーモンのホタテ包み」というメニューにはキュウリが入っていますが、お嫌いなら外します。そうやって一皿一皿、お客さまに合わせたお料理を提供しているのです。

このサービスは、ほかのウェディング店では真似できないと思います。

どこに限界があるかというと、スタッフの意識やパワーに限界がある。お店のスタッフの気持ちがこもっていないと、上司がこのサービスをやろうと提案したところで「なんでそんな手間なことやらなあかんねん！」と彼らから反発を食らうだけでしょう。

もともとウェディングの料理とは、そう期待されているものではないという現状があります。結婚式というお祝いの席ですから、たとえ冷めていようが形が崩れていようが、基本的にクレームが出ないのです。お客さまは、どんな料理を召し上がっても「ありがとう、おいしかった」というしかない。そのせいでウェディングの料理にいい印象を持っていないお客さまが多く、またウェディングの料理に力を入れようとするレストランは非常に少ないのです。

さらに言えば、この「料理が選べるウェディング」は、通常のウェディングと比べてお店の利益が少ないのです。

実際、各ゲストに料理を選んでいただくと原価が高くつきます。たいていのウェディングの料理ですと原価は14～15％のところ、ル・クロ・ド・マリアージュでは30％を超えます。つまり、ル・クロはこのサービス形態にすることによって、その15％の利益を失っているとも言えるわけです。常識的に考えれば、割に合わないやり方であることは明らかです。

しかし、だからこそ、お客さまの満足のためにこのサービスをするべきだ。お客さまにおうかがいを立てた結果、それが求められているのなら、実現に向けて力を尽くせばいい。これがル・クロの考え方です。利益が圧迫されるというのなら、そのサービスをしてもなお会社に利益が残るよう、ほかの部分で工夫すればいいだけです。

実際、ル・クロのスタッフたちは、これでもまだお客さまの満足には足りないと思っています。お客さまのことを何よりも大切に考えること。その結果、現場に多少の負荷がかかったとしても、彼らは愚痴ひとつ言いません。むしろ、やりましょう、もっとやりましょうとスタッフたちの勢いが増していくほどです。

現実的に見れば、このサービスによって目先の利益が圧迫されるのは事実です。しかし、**目先の利益を求めるよりは、20年、30年後のリピーターを今たくさんつくっていくほうがいい**という考え方もあります。

ウェディングにお見えになるゲストは、初めてル・クロに来てくださった方が大半です。平均して1組70〜80名のゲストがいらっしゃる挙式が年間でおよそ150件ありますから、年間1万名を超える方がお見えになる計算です。

そのみなさんのうち一部でも、「ル・クロってすてきだな」と思ってくださったら、今後はレストランのほうに来ていただけるかもしれません。

お客さまに喜んでもらうことこそ、最大の仕事の対価。こうした考え方を身につけたスタッフは、お客さまに喜んでもらおうとつねに努力するようになります。前述したとおり、ル・クロのスタッフは、料理人もソムリエもオーナーも、「まずサービスマンであれ」という考え方を持っているのです。これは飲食人の理想のあり方だと、多くの人に同意していただけることでしょう。

しかし、くり返しになりますが、現実の会社のなかではなかなか実現しないものです。目先の利益しか考えないオーナーが「そんなことしなくてもいい」という態度をとるかもしれませんし、「一人だけ目立ちやがって」と横から嫉妬されたり、邪魔されたりするようなこともあります。

しかし、ル・クロには、お客さまの満足だけを追求できる環境が、すでに用意されています。**お客さまのことだけを考えられる環境で、のびのびと仕事ができる**のです。

ですから、ル・クロのなかには基本的にストレスがありません。またストレスがない環境をつくらなければ、スタッフたちはお客さまに対して最高のパフォーマンスを発揮できないのです。そうなれば、売り上げにも影響することでしょう。トップ陣の仕事は、突き詰めればそういった環境づくりというたった一つのことに行き着いてしまいます。

もう一つ、僕たちが考えるおもてなしの例をご紹介します。

2時にオーダーストップした後に、新たなお客さまがお店に入ってきたとしましょう。普通なら「申し訳ありません、2時でオーダーストップでございます」と入店をお断りするところです。もう食材も残っていませんし、片付けを始めてしまっているのですから、やむを得ません。

でも、ル・クロでは、たとえ2時を過ぎていても、一度調理場に「大丈夫ですか？」と確認して、お客さまをお迎えすることが多いんです。もちろん、本当に食材がなくなってしまって、泣く泣くお断りすることもありますけど。

なぜ、そんなことをするのかといったら、簡単です。**自分の親がお店にやってきたらどんなふうに振る舞うか考えて、同じ事をお客さまにもすればいい。**もしも、自分の親が田舎からわざわざ大阪まで出てきてくれたのだとしたら、たとえ予約の時間に遅れても「申し訳ありません、2時がラストオーダーです」などと言えるはずがないでしょう。

そう言って「みんなどう思う？」とスタッフに尋ねると、一人残らず

「食べてもらいたいです」

と答えます。

「そうやろ？ その気持ちをそのままお客さまに差し出せばいいんだよ」

そう、ル・クロでは、スタッフも家族、そしてお客さまも家族だと考えているのです。

すべてのお客さまを自分の家族だと考える

仕事のなかに埋もれた「宝物」を掘り起こす

このように、**ル・クロで働く僕らにとって、仕事のいちばんの対価はお金ではありません。それは何より、お客さまに喜んでいただくことなんです。**それができて僕たちは初めて、自分自身の満足を得ることができるのです。

僕が、これほどお客さまの満足を追求するようになったのは、ヨーロッパで調理の修業をする以前に、日本国内で3年ほどサービスを学んでいた時期があったせいでしょう。

その後シェフになったことを考えると、サービスを学んだことで少々遠回りなキャリアを歩んでしまったようにも見えます。

でも今思えば、僕にはそれがよかった。というのも、最初にサービスを学んだおかげで、お客さまに「ありがとう」と言っていただく喜びを知り、そしてお客さまの喜びを追求する姿勢が身体に染みついたからです。

仮に僕が、はじめから調理場に立っていたら、目の前の料理を仕上げることばかりに躍起になる毎日で、「お客さまのほうを見る」ことの大切さに気づかないままだったと思うのです。

もちろん、おいしい料理をお出しすることもお客さまの満足のためです。でも、ただ料理をお出しするだけではつまらない。そしてお金をいただくだけでは満たされない。ル・クロのスタッフは全員、こうした思いを共有しています。

しかし、「仕事はお金じゃないんだ」「お客さまのために働け」と口で言うのは簡単です。現実には、お金なしにお店は維持できませんし、そこで働くスタッフたちも生活が立ちゆかなくなります。一歩間違えると、スタッフを安い賃金でこき使って平気な顔をしている「ブラック企業」になる恐れもあります。

その思いをスタッフ全員が共有するためには、僕たちトップ陣からの具体的な働きかけが必要になります。

さらに言うなら、それは「仕事には、お金以外の対価がある」、そのことに気づき、体感してもらうための、働きかけです。

たとえば、サービスマンとして目にするお客さまの笑顔は、かけがえのない宝物です。

お客さまに「ありがとう」「おいしかったよ」と言っていただけること。

そうして、またお店に足を運んでくださること。

ケンカをしていたカップルが仲直りをして帰っていかれたこともありました。

そうしたお客さまの喜びが、ル・クロの喜びでもあるのです。

問題は、それらがお金よりも見えづらいという性質があり、時として「気がつかないまま」日常の慌ただしい業務のなかに埋もれてしまうことです。

仕事の現場には、たくさんの宝物＝仕事の対価が転がっています。それはお金だけではありません。しかしお金以外の対価が、忙しさのなかで埋もれてしまい、スタッフがその存在に気づくことができないとしたら、とても残念なことです。すると、仕事をするほどに、スタッフの心はすり減っていってしまいます。対価のないまま働くことは、どんなに優秀な人間にもできないことですから。

必要なのは、日常のなかに埋もれてしまっている仕事の対価を掘り起こして、スタッフ全員が体験でき、共有できるようにすることです。そのためには、僕らトップ陣がスタッフの働く様子をよく見て、ことあるごとにスタッフに声をかけることが大切です。ここまでやって初めて、スタッフたちは、目に見えない仕事の対価を、より強く実感できる姿勢が身についていくのです。

そういったトップ陣の働きかけは、営業時間中や朝晩のミーティングにおいて、日々行われていることです。

たとえば、お誕生日のお客さまにメッセージつきのバースデイケーキをお出しするサービスを行うとします。普段なら、お客さまのもとへ運ぶのはケーキを作ったパティシエの役目なのですが、折を見て新入社員に運ばせています。

お客さまから「ありがとう！」という言葉を直接かけていただき、感謝の気持ちを体感した新人は、それがどれだけうれしいものか、一瞬のうちに理解します。こうした体験を積み重ねていくうちに、普段から「お客さまのために」を追求する姿勢が養われていくのです。

「お客さまがそんなに喜んでくださるなら、もっと何かやりたい」

「自分にできることはほかにないだろうか」

そう言って目を輝かせながら仕事をする最高のサービスマンが、こうして誕生するのです。

整理しましょう。**目に見えない宝物、すなわちお金以外の対価をいくつ発見できるか。スタッフの成長はそこにかかっています。**そして上司の役割はその手助けをすることです。

逆に言うと、会社を辞めていく人の多くは、その宝物を見つけることができなかった人なのでしょう。そしてまた、トップ陣がその宝物を見せてあげることができなかったというのも事実です。

ル・クロでは、どんな理由であれ辞めていく人間には必ず送別会を開いています。そのたびに、トップ陣たちは思うのです。

「もっと長くいてくれたら、ル・クロに転がっていた宝物に気づかせることができたかもしれないのに。自分の力が足りなかったな」

そんな本気の思いで、トップ陣はいつもスタッフと接しているのです。

お客さまの「ありがとう」を肌で感じさせると、新人は化ける

辞めていく社員にエールを送る組織に、人は集まる

出戻り社員は、既存の社員のパフォーマンスを引き出してくれる存在です。なぜなら、「なぜこの会社で働きたいのか」を自らの経験を通してスタッフたちに語りかけてくれるから。僕がそう命じているのではなく、自然とそのように彼らがふるまってくれる。本当にありがたいことです。

僕がこんなことを話すのは、「**出戻り社員は落ちこぼれじゃない、むしろル・クロの主役になってくれる大変な戦力なんだ**」とみなさんに伝えたいからです。

ともすると、出戻り社員を受け入れることを

「それでは、辞めずにがんばっているスタッフにケジメがつかないのではないか」

「それでは、社内の士気が下がるんじゃないか」

というご批判を受けることも、ないではありません。

しかし、すでにお伝えしたとおりです。出戻り社員は覚悟を決めた人間たちであり、今いるスタッフたちにとてもいい影響を与えてくれるのです。今いるスタッフたちも、そんな出戻り社員を素直に受け入れています。出戻り社員を悪く言う空気もありませんし、自分より経験値の高い先輩社員として敬意を持って接しています。

どれもル・クロにおいては、ごく自然のことなのですが、そうでない組織もあると聞きます。たとえば、辞めていった社員の悪口を言う上司がいたり、大きな組織に転職した人間をやっかむような同僚がいたり。どれもあってはならないことだと思います。

ル・クロが、一度は辞めたスタッフを素直に受け入れられるのは、彼らの悪口を言わないどころか、**彼らが辞めるときでさえ笑顔でお店を送り出している**からかもしれません。

「お前は絶対がんばれるやつや」

「なんかあったらまた戻ってきてくれよ」

なぜこんな言葉をかけるのかというと、ものすごく簡単に言えば、スタッフたちがかわいいから、という答えになるのです。前述したように、ル・クロのスタッフはみな家族です。大切な家族が家を出ていくとしたら、「いつでも帰っておいで」以外にかける言葉は考えられない。そうではありませんか?

万が一、僕のなかに悪い感情がたまっていても、一切口には絶対に出しません。よくも悪くも、上司の言葉というものは、本人の想像以上にスタッフに影響を与えてしまいます。特に、ル・クロのようにトップ陣とスタッフが親子のような絆で結ばれている組織であれば、なおさらです。ほんのちょっとの何気ない一言に尾びれがついて、スタッフを全否定するような言葉として伝わってしまうことが、ないとはいえないのです。

トップ陣は、ひとたびスタッフの前に立ったら、一瞬たりとも気は抜けない。それは単なる会話ではなく、自分の力がスタッフに試されているプレゼンテーションだと思っています。だから本当にその一言がだれにどのような影響を及ぼすのか、考えに考え抜いてから口にするよう訓練する必要があるのです。

唯一、こちらから出戻り社員に断っているのは、「今の職場に認めてもらえるような辞め方をしてから戻ってこい」ということです。引き継ぎもろくにしないで飛び出すようなまねはするな、と。新しい職場よりも、今いる辞めるところを大事にしなさいと言っています。

それもきっちりこなしてきたら、次は彼らがいちばん戻りやすい時期を設定します。たとえば、新しい社員が入ってくる直前などは特にいいですね。その後に戻ってくると、僕は「彼は一度辞めたスタッフです」と新人たちに紹介しなければなりません。でも、その直前までにしっかり出迎えることができたら、その後は彼が一度辞めたことなんて誰も気にしなくなります。

いい辞め方をするから、戻ってこられる。いい辞め方をさせるから戻ってきてもらえる

「逆算思考」がスタッフの目標達成を後押しする

飲食店で働くほとんどの人間は、「いずれ独立したい」「自分のお店を持ちたい」という目標を持っています。それはまだ何の知識も経験もない新人であっても同じです。

目標を持つのはすばらしいこと。そこには何の疑いもありません。高い目標があるからこそ、今まさにしている努力の意味を感じられる。それこそが、やりがいというものです。

逆に言うと、**目標がない限り、「何のためにこんなことをしているのかわからない」、やりがいのない日常が、のんべんだらりと続いてしまう**危険があります。

しかし、いきなり高い目標を掲げても、失敗する公算が高いということは、多くの方が経験しているところだと思います。ともすると目標を掲げた本人も、「ほんとにできるかな……」と気後れしてしまいますし、達成までにどんな努力をすればいいのか、その道筋が見えにくくなります。人は、目標がなくても、また目標が高すぎても、モチベーションを保つことが難しいのです。

では、どうすればいいのか。ル・クロでは「逆算思考」という手法を使います。

くり返しますが、目標を立てるときに見られる典型的な失敗は、まず目標が大きすぎるということです。高い目標を持つことそのものはすばらしいのですが、あまりに高すぎる目標は、「まず何をしたらいいのかわからない」という悩みの原因になるのです。

解決策は、その高い目標を小さな目標にブレイクダウンしていくことです。つまり、最終目標から〝逆算〟して、最終目標にたどり着くまでに達成しなければならない小さな目標をいくつも用意するのです。すると、今やらなければならない「はじめの一歩」もおのずと明らかになります。

この**逆算思考を使えるかどうかで、同じ目標でも「とても無理だ」と思うか「きっと大丈夫！」と確信を持てるかが決まります**。

スタッフに逆算思考を教えるのは、やはりトップ陣です。ときにはトップ陣のほうから「次はここを目指してみよう」と目標を与えることもありますが、目標を与えてそれっきりでは、まず実現は無理です。スタッフは、とてもできそうにないことを上司にただ押しつけられただけ、という心境にもなります。

したがって逆算思考は、トップ陣とスタッフが一緒になって行うのが基本です。

それでは、逆算思考の例を挙げてみましょう。

先ほど話したように、ル・クロに入ってくるほとんどの子は「独立したい」「自分のお店を持ちたい」「フランスに行きたい」という目標を持っています。

つまり彼らにとっては「独立」がひとまずの最終ゴールであり、逆算思考の出発点となります。ここでは「料理人が独立してお店を持つ」というゴールから逆算して、そのために何をするべきか、考えてみましょう。

当然のことながら、料理人がお店を持つには、まずシェフとしての実力をしっかり身につけておかなければなりません。ですから最低限、今働いている厨房のなかでシェフというポジションを手に入れる必要があります。

では次に、シェフになるにはどうしたらよいのか。

シェフの前に「副シェフ（スーシェフ）」というポジションがあります。そして副シェフになるには、その下にあるポジションも経験しなければならない。ル・クロでは大きく分けて、冷製のオードブル、温製のオードブル、デザートという3つのポジションがあります。このように考えると、シェフになるまでに最低4つのポジションを担当し、経験をつまなければいけないことがわかります。

また、調理技術だけがあってもお店のオーナーにはなれません。

雇われシェフではなく自分でお店を切り盛りするのですから、接客ふくめサービス全般や経営そのものだって学ばないといけないのです。前述したとおり、ル・クロに入ってくる新人が料理人志望者であってもまずサービスを学ぶ仕組みになっているのは、彼らの将来を見据えてのことでもあるのです。

これが逆算思考です。

シェフになるためには、Aをしないといけない。Aをするためには、Bが必要だ。Bのためには、まずCを急いでしなければ。こう考えると、C↓B↓Aという順序で努力すればいいという道筋が整理されるわけです。

このように、大きな目標を小さな目標に落とし込んでいく作業は、経験の浅い若いスタッフは手こずりがちです。しかしトップ陣にとっては自分も経験してきたことですから、お手のものです。ですからル・クロでは、逆算思考をただスタッフに命じるのではなく、トップ陣がアドバイスにあたっているのです。

この逆算思考は、「目標に意志を通わせる」ことにも役に立ちます。

「あなたには目標がありますか?」

上司からそう尋ねられたら、たいていのスタッフは「あります」と答えるものです。普段から「目標を持て」と指導されている成長意欲の高い職場であればなおさらです。「本当だな?」と念を押されてもスタッフは「もちろん本気です」と答えることでしょう。

でも、その「本気です」と答えたはずの子たちが、目標に向かってがんばることができない。なぜか。その目標には、意志が通っていないからです。

ここでは、「目標」を「夢」と言い換えてお話ししましょう。

僕が思うに、夢には2種類あります。それは、意志を持った夢と、持たない夢です。意志を持たない夢は、寝ているときに見る夢となんら変わりはありません。眠りから覚めたら忘れてしまうので、決して実現されることがない。だからこそ、起きているときに見る夢に、意志を通わせることが必要になるのです。

とてつもなく大きな夢に向かって突進できる人も世の中には存在します。しかし、僕を含め多くの普通の人は「きっとできる」と確信できない限り、本気で目標を達成しようという意志を持てず、目標に向かってスタートを切れないものです。そこで、逆算思考が必要になるのです。逆算思考にそって、大きな目標を小さな目標にブレイクダウンすることで、「きっとできる」「やってみせる」と自信が持てる。つまり逆算思考は、目標に意志を通わせる上でも、最高のツールなのです。

逆算思考が、目標に意志を通わせてくれる

「大変＝人が大きく変わるとき」だと理解させる

目標の達成が難しい原因の一つに、努力することのしんどさがあります。それも、高い目標であるほどしんどくなる。たとえ逆算思考によって目標達成までのプロセスが明らかになったとしても、そのしんどさがすべて消えるわけではありません。

ですからそこにも、周りの上司や先輩たちのサポートが必要になります。具体的に言えば、日々スタッフたちの仕事ぶりを見ている人間が、そのしんどさ＝喜びだと感じられるよう語りかけていくのです。

というのも、ル・クロでは「大変なときほどいいんだ」「大変なときほど人は成長するんだ」という考え方があるのです。それを一言でいうなら、

大変＝自分が大きく変わるとき

だということです。

くり返しますが、高い目標を持つほどしんどくなります。これまで経験したことのない高い課題ばかりが毎日押し寄せてきて、自分が本当にクリアできるかどうか、不安でたまらなくなります。しかし、そんな新しい経験をするからこそ人は成長していける。あらゆる経験は、成長の糧になり得るのです。

努力がしんどいのは、その「あらゆる経験は成長の糧になる」という事実を、時に忘れてしまうからにほかなりません。どんなに価値ある仕事であってもその価値を忘れてしまうことがあるのです。

毎日くたくたになるまで仕事をしていると、ふと「何のためにこんなことを?」と自問自答してしまうときが誰しもあるものです。

そのタイミングを逃さず、大変=自分が大きく変わる、今がまさにその時だということを思い出させていくのが、ル・クロのトップ陣の役割になります。

たとえば、デザートづくりがいつまでも身につかず、意気消沈しているスタッフがいるとしたら、こんなふうに語りかけるかもしれません。

「きみが3年後までにシェフになるという高い目標を持っているなら、今は、苦手なデザートづくりをしっかり身につけないといけないんだよ」

すると、たとえばそれまで「単調で退屈な作業」としか感じられなかったものが、実はそれが「目標に近づくための大きな一歩」であることに、スタッフは気づきます。これが、大きな目標に対して努力するモチベーションを維持する仕掛けになるのです。

前述のとおり、逆算思考のプロセスは、トップ陣とスタッフがともに考えていくものです。すべてをトップ陣がお膳立てするわけではありませんし、自分たちが何をしなければならないか、スタッフ自身が考えないといけない部分もあります。しかし、考えてもわからなければ、何でもトップ陣に質問していくことで、逆算思考を進めていけばいいのです。たとえば、まったく知らない土地を旅するときに、予備知識なく出発する人はおそらくいないでしょう。まずは、インターネットで情報を検索したり、現地に行ったことのある人に話を聞いたりして、生きた情報を収集するはずです。

会社でいえば、その生きた情報を持っているのが、周りの上司たちにあたります。ですからル・クロでは、スタッフたちは「何でも上司に聞きなさい」と指導されます。そう指導するからには、トップ陣たちは自分の経験をしっかり棚卸しして、答える必要があります。いわば、トップ陣はスタッフたちに航海図を見せるのが役目。スタッフたちがいま何をしないといけないのか、逆算思考によって明らかにして見せなければならないのです。

「苦手な作業」を「目標に近づくための大きな一歩」に変える

修業中のスタッフに届く言葉

ル・クロを辞めていき、その後戻ってこないスタッフも多数います。けれども、そんな彼らが続々と成功していくのを見るのは、実に誇らしいものです。

スタッフにも、よくこんな話をするんです。

「彼だって特別な能力を持っているわけじゃない」

「僕だってそうだ。小学生のころからコンプレックスの塊で、鹿児島から出てきて、方言がきつくて人見知りだった」

「彼や僕と、きみたちはまったく変わらない、同じ人間なんだよ」

こうした言葉は、修業中の若いスタッフからするとすごくうれしいんです。それは、**一見手の届かないようなスゴい先輩も、自分と同じような修業時代があったという、当たり前のことに気づかせてくれる**からです。

「あの先輩たちも、自分と同じ気持ちからスタートしたんだ！」

「いつかは自分も、この先輩のようになれるんだ！」

そう理解できると、すごく励みになるんです。ですから僕も、自分のコンプレックスや恥ずかしい失敗談を隠さず話そうと思うのです。そのぐらいのことでスタッフが少しでも目標を持ってもらえるなら、安いものではありませんか。

この話をするときにいつも思い出すのは、修業中に働いていた海外のレストランの様子です。フーバーのいたスイスのレストランに限らず、オーナー以下、シェフから皿洗いの新人までみんなが気さくに会話をしていました。

その様子がすごくすてきなんです。それまで僕が日本で働いていたレストランとはまるで違いました。もちろん、なかには心から感謝しているレストランもあります。しかし、よく言われることですが、日本の組織の多くに「縦社会」が残っています。役職が一つでも上の相手には、何を言われても言い返すことを許されないような、息苦しい職場。そんな環境では、上司部下の垣根を越えた気さくな会話なんてとてもできませんし、「あの先輩みたいになりたい！」などとは思いもしないでしょう。

そんな経験をしましたから、いずれ僕がお店を開いたら、海外で見たように、スタッフ間の壁をなくしたいとずっと思っていました。ただ、いきなり「気さくに話をしようじゃないか」と上から目線でトップが命じたところで、スタッフも「はいわかりました」とはいきません。目上の相手を立てる、言葉づかいも相手の立場に合わせて変えるといった文化のある日本で、海外とまったく同じことをするのは、どうしても抵抗があります。

じゃあどうするか。**スタッフに命じる前に、トップ陣たち自らがスタッフのところに「降**

りていく」のです。ル・クロのトップ陣たちは、実によく昔話をします。彼らはよく知っているのです。スタッフたちにとっては、どこで働くかよりも、どんな人間と一緒に働くかが大切だということを。

トップ陣が自分の恥ずかしい経験を全部さらけ出して、「自分も昔はきみと同じだった」と伝えていきます。こうすることで、スタッフたちは「この先輩のように自分もなれるんだ」と確信を持てるようになるのです。

あこがれのスゴい先輩を、部下の目線に降ろしてやる

すべての取引先を大切にする

自分とかかわる人間は、すべて家族。こうした考え方は、スタッフのみならず取引先やお客さまに対しても同じです。ル・クロのお店にいらっしゃる方なら誰であれ自分たちの家族として接したいのです。

ごくごく当たり前のことですが、たとえば郵便配達員さんが来たら、「ありがとうございます」「ご苦労さま」のお礼を必ず言うこと。業者扱いは絶対に許さない。それは昔から徹底しています。

そんなことをして何か見返りがあるかどうか、定かではありません。でも、ル・クロにかかわるみなさんに「今日も気持ちよく仕事ができたな」と思ってもらえるだけでも十分だと思うのです。

ただ一つだけ、僕に思惑があるとしたら、スタッフたちに、人づきあいに関して裏表をなくしてほしいということです。**お金をいただく相手には表の顔、お金を払う相手には裏の顔、そんなのは家族のつき合いとはいえません**よね。

これにしても、何も高尚な理念があってのことではないんです。いや、もちろんお客さまの満足を追求することはル・クロの存在意義なのですが、同じことを、ル・クロにかかわってくださるすべての方に、裏表なく表現しているだけです。ル・クロはかかわる人たちみんなに気持ちよくなってもらいたい。僕らはいつだって、このシンプルな思いに従って動いているのです。

あえて言うなら、こうするとラクだ、というのが理由かもしれません。僕は、人に合わせて裏表を切り替えるなんて、しんどいだけだと思うのです。それだったら「すべては自分の家族」という形を自らの「自然体」にしてしまう。そうやって、どの人にも同じように接するのが、いちばんラクだと思うのです。

だから例外はつくらない。ル・クロでは、かかわるすべての方が家族なのです。

こうして考えると、ル・クロは、スタッフに求めるものが極めてわかりやすい会社だとはいえないでしょうか。確かにそれは、僕自身意識しているところではあります。**わかりやすい伝え方でない限り、人は動かない**と思うからです。

前述のように、もともと僕は勉強ができなかった人間です。親が学校に呼び出されて、「落第して、もう一度同じ学年をやり直すこともできるんですが……」と勧められたことすらあるのです。もともと言葉を知らない上に、鹿児島の方言が抜けなかったせいで、「人に伝える」ことが下手だとさんざん思い知らされました。

でも、僕はスイスでフーバーに出会いました。あのレストランは、どんなに物を知らなくてもバカにされない、どんな国の人でも生きていける場所でした。たとえば毎朝、フーバーはみんなと握手をして「今日もよろしく」と声をかけていました。僕はそれだけでうれしかった。そこで僕は、難しい言葉を話すことが重要なんじゃない、その人に伝えるためにわかりやすく愛情もって伝えることだと気づいたのです。

だから僕も、そんな言葉でもって愛するスタッフに語りたい。自分が言葉に自信がない分、わかりやすく、伝わる言葉を選ぶ。愛する小さな子どもに赤ちゃん言葉を使うように、相手がどうやったら受け入れてくれるか考えながら、語るのです。

見返りは必要ない。かかわるすべての人を家族とする

「職業人として」のみならず「人間として」の成長をサポートする

ル・クロにかかわるすべての人たちが、僕らの家族です。それは、スタッフのご家族も例外ではありません。たとえば採用が内定したスタッフには、必ずご家族をお店に連れてきてもらい、現場のマネジャー全員がご家族にあいさつをします。「大切なお子さんをお預かりします」そんな思いを込めて。

以降、スタッフたちは職業人として、そして人間として、さまざまな転機を迎えていきます。くり返しますが、僕たちは家族です。ですから、**職業人としてのみならず、人間としての成長もサポートしていきます。**

たとえば、スタッフたちにとって大事なイベントが、一年間に数回あります。たとえば冠婚葬祭や成人式。それから悲しいことですが、大切な誰かが亡くなるかもしれない、今のうちに顔を見せに帰らなければいけないというシチュエーションもあります。そんなときは、仮にその日が出勤日であっても、必ず休みを取らせます。それがどんなに忙しい日であろうが関係ありません。

彼らが望めば、海外修業にも行かせます。今年の夏には、念願のパリ出店が控えていますが、現地にはもう2年も前から一人のスタッフを行かせています。今、ル・クロ出身のメンバーはフランスやスペインなどヨーロッパ各地のほかニュージーランドなど南半球でも活躍しているのですが、彼らもタイミングがよければオープニングスタッフとしてパリに来てくれそうです。それでも足りなければ、こちらから派遣します。今までル・クロで働いたメンバーは8割方海外へ行っているのです。

じつは、料理の修業だけを考えるなら、海外行きはさほど重要ではありません。日本国内でも十分にレベルの高い修業ができますし、ル・クロで教えていることも間違っていません。

それでも、日本という国を外から見ることは大切なことだと僕は思っています。それは、僕自身が経験を通じて学んできたこと。今の僕に強く影響を与えているのは、なんといっても海外での修業です。海外の文化に触れて、さまざまな国籍を持つ人間と触れ合い、たくさんの教えを受けました。そういう機会をル・クロのスタッフにも与え、人間力を高めてほしいのです。

人材はご両親からの大切な預かりもの

The staff's album

ル・クロのイベント

全員でとことん楽しむのがル・クロ流。
顧客目線に立って、よりよいサービスを模索する

▲あらゆるイベントが適正に準備が行われているか、誰でもチェックできる体制を構築

◀時にはオーナーが先頭に立つことも。仕事以外での率先垂範は、一層チームの団結力を高める

Chapitre 3

正社員の底力を活用する

バイトなし、全員正社員の理由

ル・クロには、アルバイトやパートのスタッフがいません。全員正社員です。そしてキャリアの浅い人間であっても、お客さま＝自分の喜びだと感じた瞬間から、必ず名刺を持たせるようにしています。

こんな経営をしていると、飲食業界をご存じの方にはよく驚かれるのです。

「ずいぶん無茶をするね」

「よくそれで経営が成り立つね」

確かに業界では、正社員は人件費がかさみ経営を圧迫するという意見が主流を占め、アルバイトやパートの比率を上げていく傾向にあります。洗い場など単純作業が必要とされる仕事ではとくにそうで、ファーストフード店ともなるとほとんどがバイト、一店舗につき社員は一人だけというお店もあり得ます。

しかし、僕の考えはシンプルです。

全員を正社員としているのは、会社のビジョンをスタッフ全員が共有している「濃い」組織をつくりたいから。バイトを増やして人件費を削り、目先の利益を追い求めることよりも、そんな濃い組織をつくることのほうが大切だ。僕はそう思うのです。

そのためには、スタッフの労働条件を等しくする必要があるというのが、僕の考えです。つまり、スタッフががんばるのは、お客さまのため。仕事がしんどいのは、みんな一緒。トップ陣も一緒。そういった横並びの環境がベストです。

アルバイトやパートさんがいると、どうしても条件を一緒にできません。彼らはかっちりと労働時間が決まっており、職務内容も決まっています。そのため、正社員が朝から晩までむちゃくちゃ働いているのを素通りして帰っていきます。それがいけないと言っているのではありません。ポイントは、そういったアルバイトと正社員が隣り合って、同じ思いで働けるかどうか。それは難しい、というのが僕の意見です。

他店のオーナーから見れば、ル・クロは利の悪いことをしていると見られます。でも僕からすれば、**利を捨てるどころか、20年先、30年先の利を取るための経営をしている**つもりです。会社のビジョンがムラなく浸透した、スタッフ全員が働きやすい環境をつくる。そのために、みんなが同じ条件、同じ思いで仕事に打ち込めるようにしたいのです。それが、バイトなし、全員正社員の理由です。

ビジョンを100%共有した濃い組織をつくる

オーナーの出身地鹿児島でリクルート

新卒のスタッフを、僕のふるさとである鹿児島の調理師学校や高校から採用することがしばしばあります。

現地で僕の講演をきいて応募して来る子もいれば、ホームページを見て感銘を受けて来る子もいます。僕はどこに行っても、HP上でもこんな話をしていますから、ル・クロがどんな職場かイメージしやすいのでしょうね。

鹿児島でリクルートしているのは、第一に故郷に恩返ししたいという気持ちから。それに鹿児島の子はまっさらで素直ですから、成長させがいがあります。

でもいちばんの理由は、僕がかつて「鹿児島で埋もれていた」という苦い思いがあるからです。

そんな僕が、鹿児島の南の果てにある田舎の町から世界に出ていって、こうやって大阪でお店を持つようになった。その姿を見たら、きっと鹿児島の子も勇気がわいてくると思うのです。

鹿児島にいたころの僕には、世界が本当に遠くに感じられました。手を伸ばしても届かないところにあるようで、大阪に出るだけでも大変な冒険でした。そんな人間でも、こうなれるんだよ、と身近に感じてほしい。田舎で生まれ育った人間にもチャンスがあると、知ってほしいのです。

僕はしばしば鹿児島の母校で講演をしていますが、そのときいちばん伝えたいと思っているのは、**夢は意志を持たないとダメだ**ということです。みんなが見ている夢は眠りながら見る夢と変わらない。目を覚まして意志を持ちなさいと。

夢を持っているかとたずねると、恥ずかしいのか、今の高校生はみんな手を挙げません。でも、あれになりたい、憧れている、という思いはみんな何かしら持っています。ただし、そこに意志がない。意志がないから、壁にぶつかったときに努力できない。これでは寝ているときに見る夢と変わらない。だからまず意志を持とうよ、という話をするんです。**本当の努力とは「もうだめだ」と思ったその先でこそ必要になります。**そのためには「きっとできる」「やってみせる」という強い意志の力が不可欠なんです。

僕の話が少しでも、彼らの夢に意志が通うきっかけになればいいと思っています。くり返しになりますが、意志を持たない夢は決してかなうことがありません。逆に意志があれば、達成するまでくじけることなくがんばることができるのです。

故郷の子どもに夢を与えたい

面接では「長所」よりも「コンプレックス」を聞き出す

僕とスタッフたちとのつき合いは、採用面接の場から始まります。基本的には、履歴書を送ってくれた人には全員お会いするようにしています。

僕が面接において特に聞きたいのは、その人の「短所」です。

普通、面接といったら、長所と短所をバランスよく聞いていくものなのでしょう。もちろん僕だって長所の話は聞くのですが、それは短所ばかり聞くのも面接の相手に悪いから、というだけ。本音では、長所の話にはあまり興味を持てないのです。

正確に言えば、短所そのものを聞き出したいわけでもありません。

僕が知りたいのは、その人が今ももがき苦しんでいること、そしてほしくてたまらないのに手に入らないことは何か、ということです。要するに、それがコンプレックスなのです。

そういう話を切り出すときは、もう単刀直入に「長所と短所を教えてください」と聞いてしまうのが、僕のやり方です。

というのも、「あなたが本当に望んでいることは?」などと質問しても、みんな本心を打ち明けてはくれないからです。もっと差し障りのない、きれいな話になりがちです。たとえば、「君の求めていることはどんなこと?」と僕が質問したら、多くの人は「お客さんを毎日喜ばせたい」などと答えるのです。無理もありません。「ル・クロはお客さまの喜び=自分の喜びだと感じられる人材を求めています」とうたって採用活動をしていますから。

しかし、僕が面接において聞きたいのは、そういうことではないのです。

僕が知りたいのは、短所のエピソードの裏に隠れているコンプレックスです。

すなわち、彼らが仕事の対価として何を欲しているか。

お金以外の部分で、仕事を通じて手に入れたいものは何なのか。

つまり、僕たちがあずかり知らない、「その子にとっての仕事のモチベーション」を聞きたいのです。僕は、それを聞き出すきっかけづくりとして、あえて「短所は何ですか」という質問をしているのです。

すると、人によって、本当にさまざまな話をしてくれます。

「人の目を見て話せない。物おじする」

「つい感情的になってしまう。キレてしまう」

「一つのことをじっくり続けることができない。飽き性だ」

そして、そういったコンプレックスを解消できる環境がル・クロにはあるということを、僕が説明していきます。うちは仕事が楽だよとは言いません。逆に、しんどいよ、睡眠時間も減るよ、給料も修業時代は安いよ、そんなふうに正直に話します。ただし、給料以上の対価がたくさんあるよ、ル・クロはきみがほしいと思うものを与えられるよ、と断言します。

たとえば、「キレやすいんです」と言った子に対しては、「キレるのはいいことだと思うよ」と話しました。

「それは、自分の気持ちに正直だということ。ただし、自分のためにキレるのか、お客さまを思ってキレるのかで、意味が180度変わってくるよね。キレるならお客さまのためにキレられるよう、ル・クロで訓練していこうよ」

面接の最後に言うのは、いつもこんな台詞です。

「ル・クロで働いていたら、今まで出会わなかった自分に出会えるよ」

コンプレックスは、成長する上での最強のエネルギーになると、すでに述べました。こうして、**「仕事をすることで、コンプレックスが解消する」ことを明らかにすることで、そのエネルギーに火がつく**のです。

もっとも、初対面の相手に対していきなり「短所を教えてほしい」などと聞いても、素直に胸のうちを明かしてくれるとは思いません。ですから面接の場では、ほかの他愛のない話もしますし、何より僕自身の話をまずするようにしています。僕自身が何を大事にして仕事をしているか、どんな生い立ちか、どんなコンプレックスがあるか、すべてを語り尽くします。

こうすることで、僕は「偏見なくあなたの話を聞きます」ということを伝えているつもりです。偏見というのは、人間がもっとも怖がるものの一つ。言葉や見せかけだけで人を判断するようなことはしないと、僕は伝えたいのです。

ここでのポイントは、自分をさらけ出して、僕のイメージを崩させることです。社員にとっての社長、部下にとっての上司というものは、実際よりもはるかに「デキル」人間に見えてしまうものです。それが初めて顔を合わせる新人であればなおさらです。すると、ちゃんとしたことをしゃべらないといけない、長所をアピールしないといけないと思い込んでしまいます。

これでは、人間同士のパイプはつくれません。そこで、自分から短所を話し、彼らが持っている「デキル」上司のイメージをどんどん壊していくのです。そうして「この人も、自分と同じなんだ」とわかってもらう。そうして初めて、相手も正直に話してくれるようになるのです。

こうして、「この人なら言ってもいいかな」と思ってもらえたタイミングで、短所の話を切り出すようにしています。自分がまず認めてもらえないと、短所なんて教えてはもらえません。ですから僕は自分で面接をしていながら、面接をされているのは僕のほうなのだといつも思います。


最初に顔を合わせる場である面接のときに、こういう話を全部してしまうと、上司部下以前の、家族のような人間同士のパイプができあがります。

仕事上のつきあいとしてのパイプをつくるな。まずは人間と人間同士の、文字どおりの人間関係をつくること。これがル・クロで働く人たちの約束です。

人材育成も、この人間同士のパイプありき。これがなければ、上司がどんな言葉をかけたところで、スタッフたちは育たないと僕は思っています。

逆に、ひとたび人間同士のパイプをつくると、どんなに厳しいことを指導しても、関係は揺らがないどころか、むしろ強固になります。

「ムッシュにガツンと言われちゃったけど、確かにそうだよな」

「あそこまで言われたらやるしかないな」

そう思って、こちらの意図を酌み取ろうと必死になって考えてくれる。もし仕事上のパイプしかない状態で同じ指導をしても、「もっとちゃんと指示しろよ」とか「なんで俺がそんなことしなくちゃいけないんだ」と反発を受けてしまうかもしれません。

コンプレックスの裏に隠れた「本当にほしいもの」を探る

異質な力を持った人間を機能させるには

ル・クロには、さまざまなコンプレックスを持った人間が集まってきているという話をしました。

つまり、ル・クロは異質な人間の集合体だということです。ここでいう「異質」とはさまざまな言葉に置き換えることが可能でしょう。キャラクター、経験値、性格、国籍……ル・クロでは一切問いません。

僕が持っているイメージは要するに、フーバーと一緒に働いていたレストラン内の風景なんです。あの顔ぶれはまさに多国籍軍でした。言葉も宗教もバラバラなのに、フーバーは見事にスタッフをまとめ上げていました。僕には彼が、この職場では、宗教も肌の色も関係ない、みんな仲間なんだと、無言で伝えているかのように見えました。

こういう環境は、働く人にとってすごく励みになります。それは、レストランのキッチンという戦場において最高のパフォーマンスをあげるために、みんなの力を一つにするんだという意識があったからだと思うんです。**異質な人間ばかりだとしても、同じ目標を目指していれば、団結できる。**僕は、フーバーからそう教わったように思います。

ル・クロにもさまざまな考え方を持った異質な人間が集まっています。だから、全然気にしなくていいよ、と。みんな一緒やで、という言い方をします。

ル・クロでいう、みんなで達成するべき目標とは、やはり「お客さまの満足」です。ここがブレずに共有されていれば、どれほど異質な人材が入ろうと、組織は揺らぐことはありません。

それに、コンプレックスを抱えた子というのは、それまで異質であることが認められない環境にいたことが多いのです。でもここに来れば、心配はいりません。なぜならみんなが異質ですし、考え方もバラバラで当然。そんな環境のなかに入れば、自分たちが少しも異質でないことがわかるはずです。

ただ一つ、お客さまを喜ばせることが好きであれば十分。**「好き」はきっと、「スキル」に変わる**のです。

組織のビジョンが異質な人材を結びつける

「理由づけ」のできない指示はするな

たとえば今、ホールで接客しているスタッフたちにしても、昔から「人と接するのが好きだった」という人ばかりではありません。

それどころか、かつては人の目をまともに見ることすらできなかった女性スタッフがいます。

彼女はもともとジーンズを作る針子さんで、そのころはお客さまに接することなく黙々と作業していたそうです。そんな人がたまたまル・クロで食事をした数日後、ぜひ働かせてほしいといってお店にやってきたのです。

彼女には、まず最初に、「お客さまのために何をするべきか」を明らかにして示しました。これは接客スタッフのみならず、スタッフすべてに言えることなのですが、**何のためにそんなことをするのか→それはお客さまのためであるという声かけの確認を、業務のなかで何度も、何度もくり返していくのです。**

ただ「お客さまの目を見なさい」というだけでは、長年染みついたコンプレックスをぬぐい去ることは難しいですし、彼女のモチベーションを下げるだけでしょう。**何かの行動**

を指示するときは、なぜそんなことをするのか、という理由づけをすることが大切なのです。

「ちゃんとお客さまの目を見なさい。そうしないと、お客さまがわれわれに何を望んでいるのか把握できないし、お客さまを不安にさせてしまうからね」

このように、「お客さまに喜んでいただくため」という理由がわかっているからこそ、毎日否応なく自分のコンプレックスと向き合い、その解消のために努力を続けられるのです。つまり、お客さまに喜んでいただくことは、自分自身のコンプレックスを解消するためにもなる。このシンプルな図式さえ理解できればいいのです。

また別の男性マネジャーは、「自分の感情を抑えられない」というコンプレックスを抱えていました。

彼は、忙しさがピークになると、ついイライラしてお客さまへの笑顔を忘れ、周囲のスタッフへの接し方も乱暴なものになりました。そのせいで、周囲のスタッフにまで不機嫌が伝染していき、サービスに集中できない状況が生まれ、それを見た彼がさらにイライラするという悪循環が生まれていたのです。

この男性マネジャーに対しては、まずその問題に気づかせて、その上で「お客さまのために何をするべきか」を次のような言い方で、少しずつ明らかにしました。

「せっかくほかのスタッフが最高のパフォーマンスをしようと努力しているのに、あなたのイライラした顔で台無しだよ」

「それで迷惑がかかるのは、せっかく貴重な時間を割いてル・クロに来てくださったお客さまだよ。これでル・クロ流の『おもてなし』だなんて、とても言えないよね」

「きみはマネジャーだから、スタッフに厳しく言わないといけないことがあるのはわかる。でもそれは営業時間中に言わなくてもいいことかもしれない」

「僕らがお客さまのためにパフォーマンスをする時間を無駄にしてはいけない。何か言いたいことがあれば、夜のミーティングの時間にやればいいんじゃないかな」


いずれにせよ、大切なことは同じです。ただ「それを直しなさい」というだけでは長年染みついたコンプレックスを乗り越えることは難しい。大切なのは、なぜそんなことをするのか→それはお客さまのためであるという理由づけを、繰り返すこと。そしてそれが、自分自身の成長につながると理解させることです。

するとみんな面白いように「変化して」いくんです。なぜなら、お客さまを喜ばせるための理由や意志づけをしていくと、コンプレックスを言い訳にできなくなるからです。

今や二人とも、かつての劣等生の面影はありません。どちらも取締役になり、会社を引っぱっています。人と目を合わせられなかった女性スタッフは、1号店のマネジャーに昇格しました。本人も驚く成長ぶりですが、僕は、はじめからそうなるとわかっていました。採用面接のときにはっきりと「俺が、今まで会ったことのないあなたに会わせてあげるから、がんばれ」と言いましたからね。

指示の理由がわかれば、コンプレックスを言い訳にしなくなる

「がんばっても先が見えない」不安を排除する

どんな指示をするにも、明確な指針に基づいたものでなければなりません。ル・クロにおける指針とは、お客さまの満足。ル・クロというお店は、お客さまの満足のために存在しており、それを追求しないことの言い訳はできません。

それが簡単な道のりではないこともわかっています。その道のりに喜びを感じられるような環境を、会社が用意できるかどうかが課題となります。

ともすると、そこで働く人たちは、

「がんばってもがんばっても、先が見えない」

「何年これをやればいいのかな」

「ずっとこんなことが続くのかな」

「お客さまの幸せはいいけれど、自分の幸せにたどり着けるのかな」

そんな不安を抱えてしまいます。それはまるで、大海原をたった一人でやみくもに泳いでいるようなものでしょう。

しかし**ル・クロでは、そういう「がんばっても先が見えない」不安を排除します。**

それは、直近のゴールを設定してあげるということです。たとえば、この部署では1年間、その後は次々とほかの部署に移り、全部のポジションを経験したら、今度はフランスに行かないかと打診し、本人にその意思があれば行かせる、といったようにです。入社当初から「フランスに行きたい」という意志が明確な子だったら、「だったらここで3年がんばれ」などと所要期間を設定します。これはできれば、入社して最初にやっておきたい作業ですね。

想像してみてください。ゴールが見えているプールを泳ぐのと、ゴールが見えない大海原を泳ぐのと、どちらが安心か。こうして、ゴールが設定されると、「がんばっても先が見えない」不安から解放されるのです。

前述したように、大変＝大きく変わる瞬間。大変だなと思ったときが、成長するチャンスなんです。そう信じられたら、忙しくてつらくなるどころか、忙しくなるほどに、みんなどんどん元気になっていくんです。**その先に成長があると知っているのだから、どんなに苦しくても、同時にわくわくしてたまらないんです。**

正直、飲食業でこれをやるのは、奇跡に近いと思います。長時間の勤務が続き、言葉にできないぐらい、大変しんどくなることもあります。

でも不思議と、ル・クロのお客さまが増えていったのは、その大変＝大きく変わる瞬間なんだと理解してからだったと記憶しています。もしも、スタッフみなが「大変だ、忙しい」だけで終わっていたら、今ほどル・クロは成長できていなかったに違いありません。

ゴールさえ設定しておけば、忙しくなるほど元気になれる

暗いトンネルの先を見せてあげる働きかけ

大変＝大きく変わる瞬間。でも多くの人にとって、変わることは恐怖です。

飲食業に限らず、仕事における成長というものは、先の見えない真っ暗なトンネルを進むようなものだと思います。最初はみな意気揚々とトンネルに入るんです。でも奥に進むほどに入り口からの明かりが届かなくなって、あたりの様子が見えなくなります。これは、いわば目標を見失った状態です。

すると、急に怖くなるのです。自分が歩いている先に何があるのか、真っ暗で見えません。経験もないですから、予測をすることも難しいのです。だから怖くなって、次の一歩を踏み出せなくなることも、時にはあります。

この道で本当に合っているのかな。

つまずいたりしないかな。

そんな不安が生まれた瞬間に、後ろを振り向いて、自分たちが入ってきた明るい光の見える入り口のほうにまた戻ってしまう人もいます。

強い人間であれば、一人で先に進むことができますが、そんなことができるのは一握りです。そういうときに必要なのは、サポートする誰かなんです。

大丈夫だ、見えなくても俺が引っ張ってやるから、安心して踏み出せ。

そう言って、新たな目標や指針を指し示してくれる誰かが、彼らには必要です。ル・クロでいえば、それが僕でありトップ陣なのです。

それは、いわば「先が見えないトンネルを相手の手を引っ張って案内する」案内役です。**この時間は人生において無駄ではない、いま進んでいる方向は正しいと、気づかせてあげる**のです。


大きく変わる瞬間というのは、トンネルの中で自分が持っていないものを要求される瞬間と言い換えることができるでしょう。だからこそそれは苦しく、つらい体験となります。

でもそれは、ようやく成長する直前までたどり着けた、ついに短所を克服できる一歩手前まで来たということを意味しています。だから、がんばろう。ここまで来たんだから。待ちに待った短所が解決できる瞬間が訪れようとしているんだよ、と思い出させてあげるのです。

たとえば以前、こんなことを言ったスタッフがいます。

「自分が何をやりたいのかわからなくなりました。このまま業界にいていいんでしょうか?」

僕はこう答えました。

「おお! ようやくその時期が来たね」

こうした問いは、それまで自分が向き合ってこなかったものだからです。逆に言えば、今は真剣に向き合っているからそういう悩みが生じたということです。

だったら、諦めずに突き進もう。その先に答えが用意されている。よかったじゃないか。入社して10カ月がたって、ようやく悩みに行き着いた。ここを突き抜けたら、自分が本当にほしかったものがみつかるはずだ。

僕は、そんなふうに語りかけました。

彼らに手をさしのべるのは、僕だけではありません。ほかのトップ陣に、現場のマネジャー、同期の人間だって、絶対大丈夫だから一緒に進もうと手を差し伸べてくれます。これならきっと、怖くないはずです。

僕らがしっかり見ていれば、スタッフは暗いトンネルの中でも迷うことはありません。しっかり見ていれば、スタッフがなぜそこでつまづいたのかわかりますし、なぜ立ち止まっているのかわかるのです。

逆に言えば、そのぐらい観察をしていないと、的外れなアドバイスしかできないということでもあります。そして的外れなアドバイスをしたら、迷えるスタッフを救うどころか、逆にスタッフを混乱させる危険があることを、忘れてはいけません。

上司はスタッフが迷うトンネル内の道案内役

本意→本質→真意のプロセスを経た人材を昇進させる

スタッフの成長は、言葉づかいにはっきりと表れてきます。これは順序があり、本意→本質→真意という段階をたどります。とくに人を指導する立場であるトップ陣は、その真意の段階にたどり着くことがル・クロにおける課題となっています。

本意というのは「自分本位な言葉」と言い換えることができます。

たとえばランチタイムの慌ただしい時間に、まわりのスタッフに対して大きな声で「動け動け！」「急げ、何やってるんだ！」と叫んでしまう。

これは、ル・クロの考え方からすれば、自分本位な言葉と見なされます。

なにしろ、その言葉を聞く人間の気持ちを考えていませんし、そもそも状況を改善する力を持たないからです。いくらスタッフに檄《げき》を飛ばしたところで、一人の人間の力には限界があり、そのとおり早く動けるはずがない。特に自己主張が強い子たちの言葉は、この本意の段階にとどまりがちです。

では本質とは、どういうことか。これは、物事がどうあるべきか、を意味しています。

ここでは、たとえばスタッフが気持ちよく働いている状態であり、慌ただしいなかでもキビキビと自分の役割を喜んでこなしている姿です。

真意とは、そうした本質にたどり着くために必要な発言や行動、考え方のことです。

ここまでくると、なぜ「急げ！」と叫ぶことがいけないのか、わかってきます。それは働くスタッフの喜びを阻害してしまうからです。

ここでは、たとえば

「忙しいね、バタバタしているね、でももうちょっと、お客さまのためにもがんばろう」

などと言ったほうがいい。それが真意です。

こうしたアドバイスは、日常業務のあいまに逐一行っていることです。これも、後輩の言葉遣いや身振りを日ごろから観察していないとできないこと。スタッフをつねに観察し、気づき、声をかけていく。ル・クロのトップ陣がつねに心がけていることです。

この本意→本質→真意の段階を踏むことが、ル・クロにおける成長だと言い換えてもいいでしょう。自分本位の考え方をする未熟な状態から、問題の本質を捉えて、真意に基づいた行動に移せる状態への成長。実際、スタッフからトップ陣に昇進させるときの評価基準がこれなのです。

トップ陣も、最初はやはり自分本位の考え方にとらわれるものです。それがやがて、本質を捉え真意にたどり着く。これがル・クロにおけるトップ陣の成長のプロセスです。

◉言葉づかいに表れるスタッフの成長
本意くん
自分本位の考え方をする未熟な状態
「あいつはいつまでたっても仕事を覚えない。困ったものだ」
「動け動け!」「急げ、何やってるんだ!」
本質くん
問題の本質を捉まえ、物事がどうあるべきか 考える
「なぜあの子は仕事ができないのか」
「どうしたら仕事ができるようになるのか」
真意くん
部下の問題を自分の問題としてとらえる
「そのために僕は、こういう教え方をしなければならない」

たとえば、仕事を覚えないスタッフがいるとします。そのとき

「あいつはいつまでたっても仕事を覚えない。困ったものだ」

これは自分本位な考え方です。ここでトップ陣が考えるべき問題の本質は

「なぜあの子は仕事ができないのか」

または、

「どうしたら仕事ができるようになるのか」

なんです。このような問題の本質を捉えたら、

「そのために僕は、こういう教え方をしなければならない」

というふうに、自らの行動によって解決していく。これがトップ陣に求められる姿勢

なのです。

言うならば、部下の問題を自分の問題として捉える。これが、ル・クロのトップ陣に求められる条件です。ル・クロという場で「種」の立場から、畑を耕す側になるタイミングとも言い換えることができるでしょう。自分本位の考え方を脱したときが、「この子は種から畑に変わったな」と思う瞬間です。

ちなみに、スタッフがどの段階にいるか、僕は本人に問いかけをすることで、確認しています。たとえ「料理の提供が遅い」などといった課題に対して、どう思う？と問いかけるのです。その答えを聞けば、ああなるほど、まだこの子はこの位置にいるんだとはっきりわかります。もし「キッチンの人間の仕事が遅い」などと答えるようなら自分本位の考え方から脱していない。ここは「料理の提供が遅い原因はこうで、自分はこう対処したいと思います」などと答えてほしいのです。それを、きちんと本人にフィードバックさせています。こうすることで、スタッフ自身にも、いま自分がどの段階にあるか、確認させているのです。

自分本位の意見を指摘し、本質→真意の意見へと導く

12年で2回しか求人広告を出さない理由

ル・クロ1号店をオープンさせてから今までの12年間で、求人広告を出したのはたった2回だけです。

なぜ人材採用に困らないのか、その理由はいくつか考えられます。

そもそも、よい人材がお店を辞めずに残ってくれるということ、また一度辞めても戻ってくれる社員がいること。そしてもう一つ、**社員がいい辞め方をしている**、というのがあると思います。

スタッフたちは、人が辞める様子を実によく見ているものです。だからこそ、彼らにいい辞め方とはこういうことだとわかってもらえます。また、いい辞め方ができるよう、僕らも最大限の努力をしたいと思っています。

いい辞め方とは、引き継ぎの時間も加味して、3カ月前、半年前から準備していく、という辞め方です。つまり、これまで一緒に働いてきた仲間に敬意を払い、迷惑をかけない辞め方のことです。ある日突然スタッフが「辞めます」と言ってきたら、

「しゃあないな。でも、こういうスケジュールで準備していこうか」

とアドバイスをしていくわけです。

逆に、そういった引き継ぎの準備をせず、突然出ていってしまうのが、悪い辞め方です。普通の職場なら、1カ月前に退職願いを出せばいいことになっています。でもレストラン業界においては、1カ月で代わりの人材を用意するのは難しく、引き継ぎにはある程度の時間が必要になります。それでも労働基準法がありますから、1カ月前に退職届けを出したスタッフを引き留めることはできません。

社員がいい辞め方をしている組織は、外から見てもわかるものです。辞めた人間が「ル・クロ出身です」と誇るように話しますし、現スタッフも、辞めた人間について包み隠さず話すからです。すると、「ル・クロならきっと安心だ」と思ってもらえるのです。

もっと安心してもらうため、実際に新人が入社する前に、僕抜きでル・クロの現スタッフと話をする時間を必ず持ってもらうようにもしています。そこで僕というフィルターを通さない、生のル・クロの話を現スタッフから聞いてもらうのです。僕は一切、そこには関与しません。

おそらく現スタッフは、会社のよいところも厳しいところも話すことでしょう。楽な職場ではない、でもこういう対価がもらえる場所だ。そう正直に話せるのは、退職まできれいに辞めていく環境だからです。悪い辞め方をするスタッフがいると、こうは話せないと思うのです。

こうして、スタッフがいい辞め方をしている組織には、「この会社を信用していいんだ」という雰囲気が生まれます。その雰囲気は、通常の採用活動をするなかで社外に広がっていくものです。だから、広告を打たなくとも、自然と人材が集まってくるというわけです。

社員がいい辞め方をする組織には、人材が自然と集まってくる

会社の主役は、オーナーではなくスタッフたち

前述のとおり、安心できる上司であれば、自然と部下のほうから話をしてくれるようになるものです。この段階まで来たら、上司は自分の話はほどほどに、部下の話にじっくり耳を傾けます。業務中でない限り、上から目線のアドバイスはしません。否定的なことも一切言いません。僕は、上司対部下である前に、人間対人間のつき合いをしたい。どんなに若いスタッフであっても、一人の人間として認めたい。それが家族というものだと思うからです。

ただし、意見を求められたら、一人の家族として率直に答えます。

上司としてではなく**家族として話すというのは、「会社を守るため」ではなく、「その子の人生を守るため」に意見を言う、という意味です。**

たとえば、会社を辞めていく子に対して

「いま辞められたらお店が回らない、辞めないでくれ」

といって引き止めるのは、会社を優先した意見です。その子が辞めたらお店が回らないのは、事実そうなのかもしれません。どんな組織であれ、引き止めたくなるようなスタッフほど、辞めたとき組織が受けるダメージは大きいものです。

でも、この言葉は会社の都合を押しつけているだけ。「辞めたい」という意志を持っているスタッフのための言葉ではないことは、わかりますよね。

僕は、その子の「辞めたい」という意志が本物だったら、絶対に止めません。がんばれよ、ル・クロで働いた経験がいつか役に立つといいな。ル・クロ出身であることを、誇りに思ってほしい。そういって、笑顔で送り出すだけです。

もちろん、手塩にかけた人材が辞めていくのは、とても哀しいことです。でも、止めません。それは、ル・クロには、会社の主役はわれわれトップ陣ではなく、彼らスタッフたちである、という考えがあるからです。主役たちに、会社の都合を押しつけるわけにはいきません。

表面上は、ル・クロは黒岩功という一人の人間のお店というふうに見えるかもしれません。確かに、料理の面だけとっても、僕は鹿児島出身なので、黒豚や野菜など鹿児島の素材については、僕のひいきで仕入れているものがあります。

しかし基本的には、各店舗のシェフがやりたいメニューをやらせています。試作と試食は僕と一緒にやりますが、割合でいえば、お店のブランドになる昔からの僕のスペシャリテがあり、そこにシェフたちが考えたメインのメニューが加わるというイメージです。

雑誌の記事でも、僕の指定がない場合は絶対にシェフやマネジャー、スタッフを前に出します。わざわざ僕が出しゃばることはありません。お店の主役である彼らの名前はどんどん前に出していきたい。それが経営者としての務めだと思うんです。

僕は、スタッフ全員の人生の時間の大事な数年間をル・クロにいただいていると思っています。その貴重な彼らの時間に対して失礼なことはできません。いつでも彼らには、僕ができる最大限のことをしたいのです。

「会社の都合を優先」するのではなく「スタッフの人生を優先」して語る

Chapitre 3

正社員の底力を活用する

The staff's album

オーナーの技法

三ツ星レストランで培った技術は今も健在。
妥協を許さない姿勢は全社員に伝わる

▲オーナーから料理人に変身する瞬間。卓越した技術は、周囲の社員に大きな気づきをもたらす

メディアからの取材も▶多いが、リクエストには可能な限り応じるのがル・クロの流儀

Chapitre 4

朝まで語り合える関係性の作り方

握手は気持ちを切り替えるスイッチ

ル・クロの特徴である、スタッフ間の家族のような関係性。その発端は採用面接の場にあるとお伝えましたが、その後も、お互いの信頼関係を維持し、より強固にしていくための取り組みが行われていきます。

たとえば、朝一番のミーティングを終えてからの「おはよう」の握手と、夜のミーティングを終えてからの「おつかれ」の握手、それと気がついたときの「ありがとう」の握手は僕の役割です。もちろん、40名のスタッフ全員とです。とにかく僕は、1日に何度も握手をするのです。僕のほうが忙しくなってしまい回りきれない日もありますが、逆に全員と握手できた日には、「ああ、今日はいい日だったな」と思えるのです。

単なる握手ですが、バカにできません。いろんな意味がある握手なんです。

そもそもは、これもやはりフーバーに見習って始めたことです。

フーバーは朝、キッチンにやってくると全員と握手をして、それから1日の仕事を始めていました。僕たちは、さまざまな国からのスタッフが集まっている多国籍軍。人種も信仰もさまざまです。でもフーバーは、みんなに分け隔てなく「今日もよろしく！」と声をかけていました。

とりわけ僕の印象に残っているのは、その日何かでフーバーがひどく叱りつけたスタッフとも、翌日は笑顔で握手していたことです。

これは、日本人にはなかなかできないことです。おそらくは、叱ったときの気持ちを翌日に引きずってしまい、お互いにどこかよそよそしくなってしまう。フーバーはその点、気持ちをうまく切り替えるためのスイッチとして、握手を活用していたのでしょう。

僕にとっても、握手はスイッチなんです。

つまり、**夜はその日のお互いの気持ちをリセットするために、握手をする。また朝は、その日をフレッシュな気持ちで始めるために、握手をする**のです。

もちろん、スタッフに対する感謝の気持ちの握手もあります。「今日も出勤してくれてありがとう」「今日も遅くまで働いてくれてありがとう」という気持ちです。

それからまた、スタッフのコンディションを見るための握手でもあります。

というのも、握手をするだけで、相手の心情や身体の調子がかなりのところまでわかるものなんです。試しに、相手の目を見て、ぎゅっと力を入れて、気持ちのこもった握手をしてみてください。何か悩みを抱えている子だと、そのとき握り返す手に力を込められないのです。すると「何かあったんやな」とピンとくる。よくよく観察してみると、声のトーンが落ちていたり、目つきにも覇気がなかったりするかもしれません。そうなったら、さっそく、そのスタッフの周囲から情報収集をします。すると、大好きだったおばあちゃんが危篤だとか、そういう事情が見えてくる。ここまでわかった段階で「もう帰りや！」と声をかけます。

最後に、「いつも見ているよ」という気持ちを伝えるための握手も大切な習慣です。

毎日たくさんのお客さまと接していると、なかなかスタッフ一人ひとりとのコミュニケーションに時間を割けません。そのスタッフの数も、今では40名にまで増えてしまいました。でも、考えてみてください。**親というものは、子どもが40人いようが1人だろうが、同じように1人ずつに愛情を注ぎたい**ものです。しかし、コミュニケーションに割ける時間には限りがありますから、ともすると愛情も40分の1のように見えてしまうのが悩みの種。スタッフたちは、「見られている」という意識を持てないと、不平や不満を感じることが多くなります。たとえば何か指導するとき「自分のこと、何も知らないくせに」と反発することもあるかもしれません。

だから、少しでも愛情をかたちで示したい。「ちゃんと見ているよ」と、握手によって彼らに伝えたいのです。

毎朝毎晩、握手ひとつで絆を結ぶ

毎日のミーティングでその日の行動を徹底的に振り返る

多くのレストランと同じように、ル・クロではしばしば、スタッフを集めてミーティングを行います。

基本的には各店舗において、朝晩の2回。閉店後は、しっかり1時間かけて行います。月に一度は、僕が各店舗のトップ陣を集めて、業務終了後から明朝までかけて特に長いミーティングをします。

ル・クロは人材教育において、このミーティングの時間をとりわけ大切にしている会社です。毎日のミーティングがル・クロの伝統であり、その毎日のミーティングによってル・クロの歴史の1ページをつくっているとさえ言ってもいい。僕らにとってはもう当たり前のことなのですが、そこにはたくさんの狙いがあるのです。

では、僕たちがミーティングの時間に何をしているか、という点からお話ししましょう。

たとえば、**業務終了後のミーティングは、その日一日の「振り返り」会です。**

その日に来店されたお客さまの一組一組、来店記録を見て全員の顔を思い出しながら、お客さまが本当に満足してくださったのか、検証する作業を行うのです。

たとえば、こんなふうにです。

「本日3番テーブルでご予約だった田中さまは、お連れさまがお誕生日だったということで、メッセージを添えたバースデイケーキをお出しした。大変喜んでいただいたが、ほかにもっと誕生日らしいサービスも可能だったのではないか」

ル・クロは「おもてなし」という言葉を大切にし、どこまでも「キャリテ・プリ」を追求するレストランです。それがかけ声だけに終わっていないか、振り返り会によって日々確認しているというわけです。

またミーティングには、スタッフ間の「ノウハウの共有」や「喜びの共有」、「お客さまの情報の共有」という狙いもあります。

たとえば、日々さまざまなお客さまがいらっしゃるレストランという場では、新人なら「こんなときはいったいどうしたらいいの?」と頭を抱えてしまうようなシチュエーションが頻発します。

しかし、キャリアを積んだトップ陣であれば、そんなときにふさわしい対処法を知っています。それをミーティングにおいて共有し、スタッフ全員が使えるノウハウとして蓄えるのです。

つまり、ミーティングは、彼らの貴重な経験を現場の若いスタッフに伝承する「教育の場」でもあるのです。

毎日、夜の営業が終わるころには、深夜0時を回ることもあります。公式には夜10時までの営業としていますし、あらかじめ定められたスタッフの勤務時間は基本的には守りますが、食事をゆっくり楽しまれたいお客さまがいらっしゃる場合は、無理に追い立てるようなことはしません。

すべてのお客さまがお帰りになった後に、そこからさらに1時間かけて、夜のミーティングを行うのですから、しんどくないと言えばウソになります。でも、そのしんどさを補って余りある、価値のあるミーティングだと思っています。

「お客さまの満足」という目的を果たせたかどうかを、その日のうちに検証する

疲弊する新人を助けるのは、技術よりも「考え方」

ル・クロにおいては、このミーティングが最良の人材教育の舞台になっています。

今、どの組織においても、人材教育といったらOJTが主流です。飲食業界はその最たるもので、とにかく現場に立たせて経験を積ませるというのが常識。僕は昔からそこに疑問がありました。**不用意なOJTは、武器を持たない丸腰の状態で兵士を戦場に立たせるようなもの**だと思うのです。要するに、負けろ、挫折しろと言っているのに等しい。

僕は、新人に対してそんなことはしたくないのです。立派に成長してほしい、一流のプロフェッショナルとして育てたい、そう思って採用しているのに、なぜわざわざ挫折に追い込むようなことをするのか、わかりません。

だからル・クロにおける人材教育は、その武器を配ることからスタートします。

ル・クログループはいま、「ル・クロ」「ル・クロ・ド・クロ」「ル・クロ・ド・マリアージュ」の3店舗があります。新人はこのうち、レストランウェディングの「ル・クロ・ド・マリアージュ」に配属されることになっています。

彼らは、日々の業務をこなしつつ、週に一度、新人向けの研修を受けます。ここで彼らに、武器を配る。ここでいう武器とは、たとえば社会人としてのマナーであり、調理であり、接客なども含まれています。

でも、僕が新人たちに授けたいのは、本当は技術ではないのです。

なぜなら、**技術はすぐに身につくものではない**からです。はじめは1時間かかった包丁仕事が、やがては10分でできるようになるかもしれません。しかし、その時間を短縮するのは限度があります。それでは、新人にとってすぐに使える武器とはいえないでしょう。

では、すぐに身につけられる武器は何かといったら、ものの見方、考え方、感じ方の部分なのです。これが、新人にとっての、いちばんの武器です。それはたとえば、ここまでにお話ししたような、本意と真意の違いであったり、コンプレックスとのつき合い方、逆算思考などです。

こうした武器を授ける場が、毎日のミーティングなのです。

特に夜のミーティングは重要です。その日いらしたお客さまを一人ずつ振り返りながら、ル・クロが考える理想の「おもてなし」、またそれを実現できるスタッフのあり方をトップ陣が伝えていきます。最初に正しい「考え方」を授けられた子たちは、ハードな仕事にも疲弊することがありません。

どんな組織においても、入社したばかりの人材には、100%のやる気と100%の体

力が備わっています。

でも、今の日本においては、そんな彼らですら、入社して1年以内に半数が退職を考えるといいます。そのぐらい、知識も経験もない新人にとって仕事の現場というのはハードなものなのです。たとえ労働環境が恵まれていても、目指すべき理想が高いところにあれば、楽をすることなどできません。

僕自身、修業時代にいくつかのレストランを経験して、すばらしい職場もあれば、ひどい職場もあることを肌で知りました。

優秀なはずの人材がどんどん辞めていくのをオーナーは見ているだけ。それどころか「これぐらいのことで辞めるなんて、あいつははじめから見込みがなかったんだ」などと切り捨てて安穏としている。それでは、自分で採用した人材を、自分の手で振るいにかけ、退職に追い込んでいるようなものです。

ル・クロの考え方は、正反対です。僕らは本心から、全員に残ってもらいたいと願い、そのための具体的な仕組みを考えているのです。

技術はすぐには身につかない。身を助けるのは「考え方」である

未来をつくる「仕事表」

先述したように、夜のミーティングは第一にはお客さまのことを振り返り、自分たちが本当にお客さまのほうを見ていたか、検証する作業のために行われます。

しかし、夜のミーティングはそれだけに終わりません。もう一つ、翌日の仕事のイメージトレーニングの時間でもあるのです。

そこでは、ル・クロ内では「仕事表」と呼ばれているツールを使います。

これは、自分が出勤して退社するまでの時間にどう行動するか、分単位ですべて書き出して整理するというもの。ル・クロではこれを、新人教育の中心に据えています。

新人は朝、出勤すると、翌日の仕事表を細かく書き出していきます。

店によって微妙に異なるのですが、朝のミーティングが終わると、トップ陣のところにスタッフが明日の仕事表をもっていき「これで大丈夫ですか？」と確認をとります。そこで「いや、ここはこうしよう」などと指導が入るわけです。それをもとに業務終了後、仕事表をブラッシュアップしていきます。

翌日は、前日に書いたその仕事表にそって1日を動き、業務終了後、トップ陣とともに振り返り会をします。

「今日はどうだった？」

「時間どおりに作業をこなせませんでした……」

入社1年目は、こうしたやりとりを徹底的に行います。

仕事表の第一の狙いは、新人に時間の使い方を学んでもらうことにあります。

とくにレストランの現場では、こちらで野菜の切る作業をしつつ、こちらでスープをとるといった「ながら仕事」を日常的に行う必要があります。こうした作業を1つずつこなしていたら、時間がいくらあっても足りないのです。

主婦の人たちなら、洗濯機を回しながら掃除をして料理をして、というながら作業はお手のものかもしれませんが、新人たちにはハードルの高い課題です。しかもル・クロにおいては、料理人も営業中はサービスマンに転じるので、仕込みにかけられるのは朝のわずかな時間しかありません。

その限られた時間帯ですべてを用意するには、ながら作業を徹底し、時間あたりの生産性を増やしていく方法を学ぶ必要があるのです。そこで､仕事表をもとに､トップ陣が「これとこれはながら作業にしなさい」などとアドバイスしていくのです。

僕が時間にこだわるのは、ぼくたちが働き手として提供できるものは、極論すればやる気と時間に限られると考えているからでもあります。その一方の柱である時間をうまく活用できないのだとしたら、「お客さまのために」なんて絵に描いた餅でしかありません。

もう一つ、**仕事表には「未来をつくる」という側面があります**。

翌日の仕事表を作る作業とは、1日先のことをイメージして、そのとおりに作業を進められるようイメージトレーニングをすることであるともいえます。それを完璧にこなすと、翌日の仕事をまさに仕事表と寸分たがわず、スムーズにこなすことができるようになります。

つまり、仕事表には翌日の自分がそのまま書かれていることになるのです。これは「未来の新聞」を手に入れたも同然です。ほんの1日でも未来の新聞を手に入れたら、株価の動きが読めて、一晩にして大富豪になれる。それぐらい未来の情報というのは価値のあるものです。

そんな未来の新聞を自分で考え、つくること、それが毎日の仕事表づくりなのです。翌日自分がどう動くのか、1日先にイメージトレーニングを済ませておくと、まさにそのイメージどおりの1日を送ることが可能になるのです。

この考え方を応用していくと、やがては1年先、2年先の目標だって簡単に実現できるようになります。１年先であれば、３６５日の猶予があります。つまり３６５日でできることを逆算して、小さな目標に振り分けていくという逆算思考が、詳細に行えるのです。

仕事表で部下の時間の使い方を改善する

3カ月に1度の面談は飲みニケーションで

先日、僕の主催でスタッフ間の「女子会」を開いたんです。みんなでお寿司を食べてカラオケに行ったら、女の子がみんなＡＫＢのコスプレをして歌い出し、大変な騒ぎになりました。

僕は、こうやってスタッフをお店の外に連れ出す機会をたびたび設けています。周りから見ればただ遊んでいるだけのように見えることでしょう。いや、実際遊んではいるのですが、僕なりの狙いがあってのこと。これは僕なりの「面談」なのです。

昔の言葉で、「飲みニケーション」というのがありました。お酒を口実にしてスタッフを社外に連れ出して、彼らの心情を把握する。今時の若い子には敬遠されがちな会社の習慣ですが、僕はというと、その必要性を痛感しています。

僕の場合、基本的にこうした飲みニケーションの場を三層のスタッフに分けて用意します。トップ陣と、その下のスタッフと、４月に入った新人です。

とくに、お店の外でコミュニケーションをしたいのは、スタッフと新人です。

普段、僕自身が新人やスタッフに対して指導することはほとんどありません。日々の業務にしろ考え方にしろ、その７割が彼らを直接見ているトップ陣が指導するイメージでしょうか。僕はせいぜい、朝晩とお店に行って握手をするときに「あいさつはちゃんとせなあかんで」とか、そのぐらいのことしか言いません。

そんななかで、彼らと家族的な人間関係を維持するために、こまかく機会をみつけては、コミュニケーションの場を設けていきたいのです。

お店全体でまとめて行くときもありますが、実際には僕がタイミングを見て、数名のメンバーを選りすぐって出かけることがほとんど。前述の女子会はその一例です。

しかし、無作為にメンバーを選んでいるわけではないのです。

僕が声をかけるのは、僕が語りかけたいテーマが共通している子たち。つまり、**同じ悩みや課題を抱えている子たち「だけ」を集める**ということです。

たとえば、

「最近仕事に慣れてきただろ、でも慣れてきたころにこういうミスをするんだ」

といったような話をします。こういう話をするときは、彼らを直接指導しているトップ陣たちがいるとその場にいると話しにくいものです。

また、

「下の子たちが入ってきてフォローが大変やろ?」

という話をする場に、後輩がいては困る。

ですから、話すテーマによって集めるメンバーを変えているのです。

彼らの悩みをどう把握するのか、と疑問に思われるかもしれませんが、いつごろどんな課題を抱えるかというのは、おおまかに予想がつくものです。

というのも、ル・クロには年間表という、4月から1年間の行事をスケジュールした資料があります。取り立てて珍しいことが書いてあるわけではなく、4月に新入社員が入り、2月にはバレンタイン企画とメンバーたちの異動がある、といった程度のことです。しかし、こういうものがあると、たとえば「そろそろ新人も仕事に慣れてきて、ミスして自責してしまうころだな」と予測がつくわけです。

ちなみに、先ほど話した女子会のメンバーには、「いま会社のなかでいちばんイケてるのは君たちだ」と言って集めました。これははっきりと本心からそう思ってのことです。彼女たちには技術があり、知識も勉強意欲もありました。だけどいちばん何がすばらしいかといったら「いつも笑顔でいること」でした。

サービスマンとしては普通のことかもしれませんが、それを愚直に実行できているのは本当にすばらしい。これからもその笑顔でがんばってほしいということを言いました。つまりこの女子会は、スタッフたちを指導する場ではなくて、スタッフたちに自分のすばらしさを再認識してもらう場にしたのです。

また、彼女たちとは逆に、がんばっても笑顔が出ない子もなかにはいます。今度は、そういう子たちを何人かピックアップして、お店の外に連れ出すのです。誘った時点では、僕が何のつもりで声をかけたのか、向こうは知りません。いざ当日の飲み会の席になっても、僕は仕事の話はせず、彼らの聞き役に徹します。

そうするうちに、彼らが口を開きます。

たとえば、「最近自分の目標がわからないんです。やる気がない、辞めたいとかではないんですけど……」とその子が言ったとします。

僕ならそんなとき、

「わからなくなってきた、ということが成長なんじゃないか。今までは未熟で、わけもわからず仕事をしてきただけ。今が本当のスタートだと考えて、進む方向を間違えないようにしようよ」

などとアドバイスするのです。なお、僕が一人に話しかけてはいても、そこにいるスタッフはみんなが当事者となって話を聞いているところがミソです。当然です、僕が同じ課題を抱えている子を選りすぐって集めてきているのですから。

つまり、**そこにいるみんなが、自分が語りかけられているんだと思って真剣に耳を澄ましている**状態が、そこにあるのです。こうして、ただの飲み会よりもはるかに濃密なコミュニケーションが生まれていく。普段、コミュニケーションの量が不足している分を埋めて余りあります。

同じ課題を抱えた社員を集めて、濃い飲みニケーションを

部署の壁を取り払うフリーフェンスの法則

ル・クロは「フリーフェンス」という言葉を掲げています。というのも、とくにトップ陣に対して「部署の壁は絶対につくるな」と言い聞かせてあるのです。僕は**トップ陣たるもの、自分が担当する部署という狭い範囲の責任のみではなくお店全体、つまり経営に対して責任を持ってほしい**のです。

たとえば、たくさんのお客さまがいらしたある日のランチ時、調理場の動きが追いつかない瞬間があったとします。

そのとき、それを見とがめたサービス側の責任者が、

「調理場はもっと仕事をスムーズにしないといけない」

などと批判することを、ル・クロでは許しません。確かに彼はまっとうなことを言っています。しかしそれは、フリーフェンスではないのです。

僕のいうフリーフェンスとは、簡単に言えば自分の担当部署に与えられた職務を超えた仕事をためらうな、ということです。

基本的に、会社というものは、何もトラブルが起きない限りは、決められた職務どおりにこなせば仕事が終わるようになっています。特別な力を発揮する必要はありません。あ

らかじめ定められたやるべきことを、指定されたとおりに作業すれば、平和に一日が終わるのです。

しかし、あらゆる仕事がそうであるように、時にはイレギュラーな事態が生じます。そんなとき、経営の一端を担うトップ陣は、瞬時にイレギュラーな行動を起こさなければなりません。イレギュラーな事態というのは、会社全体、お店全体の通常業務を大きく乱すものだからです。それなのに「調理場はもっと仕事をスムーズにしないといけない」などと調理場のみに責任を押しつけるのは、問題の捉え方が狭すぎます。

そうではなく、お店全体がどう動けばいいのか、答えを出すべきなのです。自分の担当部署の職務にとらわれている場合ではありません。

前述の例でいえば、調理場の仕事をスムーズにするために、サービスの側に何かできることはないか、考えて提案するべきでした。調理場云々ではなくて、ル・クロというレストラン全体を円滑に運営するためにはどうしたらよかったのか。またそのために自分はどう動くべきだったのか。そこまで考えないと、経営を担うトップ陣の仕事とはいえません。

これが、フリーフェンスという考え方です。

壁を取り払うのは、最終的にはもちろんお客さまのためです。

レストランは、お客さまの満足を追求するための仕組みです。シェフ、サービスマン、オーナー、マネジャー、若いスタッフも全部、そのために働いています。お客さまの満足こそが目的なのですから、キッチンの中で料理を作っているだけ、料理を運んでいるだけ、オーナーは給料を払うだけ、といった捉え方をすることはできません。シェフが料理のサーブまでするのが、その一例です。ル・クロのスタッフは、お客さまの満足度を高めるためなら職務を越えて力を尽くす。そのためにあらゆる壁をなくしているのです。

「お店のために」する行動は部署の壁を越える

部下のチャレンジを全力で応援するフリーチャレンジ

どんな社員であれ、はじめは「がんばりたい」という100%のやる気を持って職場にやってきます。ところが、がんばろうとしてもがんばれないことがしばしばあります。こんなとき、職場のなかに彼らのがんばりを阻害する壁があると考えるのが、ル・クロ流です。

多くの場合、壁にぶつかるのはある程度経験を身につけたベテランのスタッフです。つまり彼らは、既存の職務に満足せず、お客さまの満足のため、新たな課題に取り組もうとチャレンジしたから課題にぶつかったのだとル・クロでは考えます。

お客さまの満足を目指すからには、そのようなチャレンジはすべて尊重します。僕は、**スタッフが毎日遠慮なしにチャレンジできる環境をつくりたい**のです。「自分は経験値がないから……」などと言ってほしくない。女の子だから、サービスだから、○○だからと言い訳せず、どんどんチャレンジしてほしい。ですから会社としても、彼らのチャレンジに応える用意をします。

たとえば、もともとウェディングプランナーで入った子が「やっぱりサービスがいい」と方針転換、ところがそのうちに「ソムリエを目指したい」と言い出したことがありました。それでいいんです。その子が望むなら、そのとおりのポジションを用意します。

経営者の側から見たら、スタッフのチャレンジのたびに人事を動かさなければならないのは、頭の痛いことではありますが、彼女の未来（人生）の可能性のほうを優先します。

僕は会社の人事について、こんなふうに考えています。

オセロに例えるなら、スタッフというのは、つねに白になったり黒になったりしているものではないでしょうか。

オセロに勝つセオリーの一つに「四隅からおさえていく」というものがあります。確かにそのとおりですが、もう1カ所おさえるところがある。盤の真ん中です。

会社でいうなら、真ん中がスタッフです。そして四隅はそれぞれ、資金、ブランド力、お客さまや業者などの協力者、それとトップ陣がつくるべき法人としての人格（法人格）。この4つが埋まっていると経営は順調に進みます。

しかし、真ん中のオセロだけ、いつも白黒はっきりしないのです。それは、人材の出入りがある以上、やむを得ないことです。大切なのは、そんななかでもオセロの四隅をしっかり押さえ、経営を成り立たせていくこと。人事を動かしてもびくともしない組織をつくることのほうが、ル・クロにとっては大切だと考えています。

ですから、スタッフのチャレンジは大歓迎です。

もっとも、ただチャレンジをあおっても、フリーチャレンジの文化は醸成されません。というのも、**チャレンジというのは、基本的に失敗するもの。**100個チャレンジして狙いどおりうまくいくのは1つぐらいかもしれません。しかし、残りの99は全部お蔵入りになってもいいという覚悟でチャレンジしないと、その肝心の1つの成功も生まれないのです。

ここは、経営者である僕がチャレンジする姿を見せることで、スタッフの理解を促しています。今、僕がチャレンジしていることといえば、パリ出店にほかなりません。いわばこれは、率先垂範。トップが語り、その言葉どおりにトップ自らが実行することで、「本当にチャレンジが許されているんだ」とスタッフに理解してもらっているのです。

トップの率先垂範で社員のチャレンジを促す

サービス業では笑顔が真顔

サービスマンは笑顔が常識です。反対にいちばんダメなのは、何の意識も持たずにぼーっと立っているような顔です。言うならば「無顔」ですが、さすがにこれはお店ではなかなか見かけることがありません。

もう一つ、真顔という言葉があります。これは文字どおり、何かに真剣に打ち込んでいるときの顔のことです。たとえば料理人がソース作りに集中しているときの顔でしょうか。そんな時にへらへら笑いながら作るのはなかなか難しいものです。

しかし、**お客さまのことを考えたら、つねに笑顔であるべきです。つまり、笑顔こそを真顔だと考えるべきなのです。**はじめのうちは、笑顔は意識をしないとつくれないものです。普通に外を歩いているときニコニコしながら歩く人はいません。笑顔の講習会などでは、口に箸を入れて口角を上げる訓練をするぐらいですが、サービスマンたるもの、いつでも笑顔を見せられるよう、「笑顔の待機」をしておく必要があります。

もしそれを忘れているスタッフを見かけたら、

「ほら、笑顔がなくなってるよ」

と気づかせていくのが上司の役割です。仕事に没頭するほど真顔になり、ついつい笑顔を忘れてしまうので、ことあるごとに思い出してもらうよう、声かけをしています。

ちなみに、笑顔の大切さをスタッフに伝えるときは、よくこんな話をします。

人間は本能的に、見ず知らずの人間を恐れるものです。

僕はそのことを、海外修業時代に実感したことがあるんです。

日本だとエレベーターに乗るときはみな無口でいるのが普通です。ところが海外に出たら、乗り合わせた人がすごく話しかけてくることに僕は驚きました。

凶悪な犯罪がごく身近にある国だととくにそうですが、見知らぬ他人と狭い空間に閉じ込められることにすごく恐怖を感じるのです。「この人は自分に害を加えないかな」と、つねに緊張してアンテナを張っている状態だといえるでしょう。

そういう環境では、自分が安全な人間であることをアピールするために、自分から進んで見ず知らずの人に話しかける必要があるのではないか。あなたに害を加えるつもりはありませんよ、と先にアピールすることでお互いの安全を確保するということです。

日本において、エレベーターの中で話しかける文化がないのは、それだけ日本が安全な国であるという証拠なのかもしれません。しかし、それでもやはり、見ず知らずの人間に対して、一抹の不安を感じない人はいないと思うのです。それは人間の本能に根ざした、ごく自然な感情だからです。

そう考えると、われわれサービスマンが、お客さまに笑顔で接することの重大さがわかってきます。僕たちも、お客さまとは初対面です。お客さまは「気持ちのいい時間を送れるかな」「スタッフがいい人だったらいいな」と内心では不安に思っています。だからこそ、僕たちはお客さまに安心していただけるよう働きかけなければならない。そこで、笑顔なんです。

私たちは、あなたを今日迎え入れていますよ。

今日、あなたに楽しく食事をしてもらうために力を尽くします。

笑顔は、そういった僕たちの意志表示であり、決意表明です。

これが、スタッフの真顔を笑顔にしてもらいたい理由です。

額に汗して真顔で仕事に打ち込む姿は美しいかもしれませんが、お客さまに対しては不安を与える危険があります。その真顔を、笑顔にしないといけない。そうして「ご安心ください、すばらしい時間を私たちが保証いたします」という意志をお伝えする必要があるのです。

真顔の笑顔はお客さまの不安を解かす

決算など経営指標はすべて公開する

ル・クロの経営にまつわる数字は、トップ陣から新入社員まで全員が閲覧できる状態にあります。

ここでいう経営指標とは、たとえば日々の売上高、営業利益、利益率、原価率といったものです。1年に1度作成する決算書も閲覧できるようになっていますが、それはあくまで過去の数字であり、会社のいまこの瞬間の状態とは隔たりがあります。

やはり、僕らが毎日の業務を進めていくにあたって利用価値が高いのは、日々の数字です。オンタイムで会社がどのような状態にあるか把握するために、これほどわかりやすいモノサシはありません。

こうした経営指標は毎日、各店舗から社員全員がデータを共有できるサーバにアップされています。

多くの場合、ミーティングの場でスタッフはそれを見ることになります。

「うわ、1号店むっちゃ経費使ってるやん」
「今日は2号店の売り上げがダントツだな」
「うちも負けてられへんで」

経営指標はこんなふうに、毎日の業務を数字の面から振り返るいいきっかけになります。

実際には、現場のスタッフよりもより経営に近いトップ陣がよく見ているものですね。

要は、経営指標を公開したことで、経営状況がガラス張りになったということです。たとえば夏場に水道光熱費が上がったという数字をもとにして、どうしたら節約できるのか、みんなが意見を言い合ったりできるのは、数字がすべて公開されているからです。数字を見せずに「節約しなさい」と言っても、どの程度の節約がなぜ必要か、スタッフたちには実感がわかないものですが、実際の数字を見せると、効果てきめん、活発な議論が行われるのです。

またトップ陣に対しては、僕と同じ経営者の感覚を持ってほしいという思惑もあり、各スタッフにどれだけの給与が配られているかも教えています。

というのも、お店の利益に直結する生産性の話をするとき、給与の数字を明確にしておかないと、説得力がないからです。

トップ陣は、当然のことながら、現場のスタッフに比べてそれなりに給料が高いわけです。それは、その給与分の働きを義務づけられているということを意味します。正確に言えば、トップ陣の場合、その給与のなかには、人を育てるというル・クロにおいて何よりも大切な仕事も含まれているのですが。

その給与額が明らかになれば、お店に求められる生産性もおのずと明らかになります。この店はトップ陣の給料がこうで、スタッフの給料がこう、となると、求められる生産性はこうだと、具体的な数字目標が導き出せるわけです。

こうして、**日々どの程度の働きがトップ陣に求められているのかが、数字で明らかになります**。

たとえば、ある有名ブランドのケータリングの仕事が入ったときのこと。料理を店舗で作り、先方にデリバリする作業は、やろうと思えばどの店舗でも可能です。では、どの店舗が主幹として動くか。それを決めるときに、各店舗のトップ陣に手を挙げさせました。もっとも高い生産性を求められる店舗が手を挙げるのが妥当なのですが、そのときこんなふうに話したのです
「これだけ人件費がかかっている店舗なら、このぐらいの生産性が必要やで。そしたら、このプロジェクトに手を挙げる必要があるんちゃうかな」

こんなふうに、給与の情報を日々の業務に活用していくのです。

数字を明らかにし始めてから、トップ陣の動き方が変わったのを実感しています。

以前は、僕が出張などでお店を離れているときも、僕が遠くから指示をして動かしていたところがあります。現場だけの判断では、僕が求める水準の働きができていなかったからです。だからいちいち「こうしなさい、ああしなさい」と指示を出していたのですが、遠方から3店舗に指示を出すのは限界があります。それに、たとえば従業員が1人休みになったときに、僕の指示がない限り、誰も動かないというのでは困るわけです。

でも、もう大丈夫です。彼らの指示待ちタイムはゼロになりました。実は、パリ出店が可能になったのも、そのためです。僕自身がパリに行っても、日本にいるスタッフが自ら考えて、ル・クロならではのサービス、ル・クロだからこその生産性を維持できると確信できたからなんです。

言い換えれば、数字を明らかにする前は、みんなフリーフェンスになっていなかったのです。自分の手持ちの責任だけを果たせばいいと思っていて、自分のお店全体のためにどう貢献するべきかという視点が持てずにいた。みんなが「指示待ち」状態でした。念のために言っておきますが、彼らが怠け者だから動かないのではありません。なぜ動かないといけないのか、明らかな根拠が見えにくい状態だったのがいけなかったと言うべきでしょう。

ここでいう明らかな根拠とは、お店に求められる生産性の数字です。それがわかっていれば、生産性が下がるような事態に陥ったときに何をするべきなのか、誰にとっても明らかになるというわけです。

経営指標をオープンにすると、指示待ち時間がゼロになる

The staff's album

垣根のない組織

意思疎通の取れたフラットな関係で
きょうも最高のサービスを生み出す

▲ウェディングパーティはオーナーが陣頭指揮を採ることも。最高のサービスが生まれる瞬間

◀部署間の垣根をなくす「フリーフェンスの法則」を貫くため、仕事中は常に“笑顔が真顔”

Chapitre 5

主体性を引き出すモチベーション管理術

クレドカードを読み合わせて「キャリテ・プリ」を浸透

クレドは、ラテン語で「信条」を意味します。多くの会社がそうであるように、ル・クロにも、企業の行動指針や信条などをまとめた「クレド」があり、読みやすいカードにまとめています。

クレドとは、いわば会社の人格にあたるものだといえるでしょう。**もしクレドがなかったら、スタッフ一人ひとりの動きがバラバラになり、会社として提供すべきサービスにブレが生じる危険があります。**

ル・クロにおいてクレドにあたるものといえば、第一にキャリテ・プリが挙げられます。つまり、お客さまに、「支払う価格以上の満足度」をご提供すること。お出しする料理も、細やかなサービスも、すべてはこのキャリテ・プリの追求なのです。

最近、新たな試みも始めています。それは、1号店と2号店の間の、タクシー送迎サービスです。

ル・クロはいま3店舗あり、1号店と2号店が同じエリア内に隣接しています。そのせいで、お客さまは2号店に予約を入れたつもりが、実際には1号店の予約になっている、というトラブルがまれにありました。これまでなら、そんなときは、

「申し訳ございません、ご予約のお電話は1号店のほうでお受けしておりまして」

「えっ、2号店のつもりだったのに。でも仕方がないですね。歩いて向かいますから大丈夫です」

などというやりとりをして、歩いて5分ほどかけて1号店に移動していただいていました。これを、タクシー移動に切り替えようとしているのです。もちろんお代はお店持ち。2号店のマネジャーが1号店まで同乗してご案内します。

お店の利益のことだけを考えるレストランであれば、このようなことはできないと思います。というのも、現在、大阪ではタクシーのワンメーターは660円です。そのお客さまが1575円のコースを召し上がった場合、たった900円しか売り上げがないことになります。常識的に考えたら、絶対にやれないサービスです。

でも、やるんです。それが、キャリテ・プリにつながるのであれば。それに、目先の利にこだわらず、今後お店のリピーターになってくださるお客さまを増やすためと考えているからです。そもそも1号店と2号店の距離が近すぎ、紛らわしいせいでお客さまが間違えたことも忘れてはいけません。そこで、昔なら「すみません、1号店へどうぞ」とお願いしていたところ、今はタクシーでご案内する。ル・クロはどんどん進化し続けています。

さて、人材育成の点からも、クレドの存在は必須です。

もしクレドがなかったら、上司は部下に対して何をどう指導したらいいのか、大きな方針を決められないのです。「ああしなさい、こうしなさい」と熱心に指導したところで、それが会社のクレドに沿うものでなかったら、説得力を持ちません。**上司が自信を持って部下の指導にあたれるのは、確かなクレドがあってこそなのです。**

しかし難しいのは、そのクレドをどうやって、トップ陣から現場のスタッフに至るまで、組織全体に浸透させるかです。

それには、上司自身がクレドを深く理解し、スタッフに対してくり返し語りかけることが必要になります。

前述したように、ル・クロでは、キャリテ・プリを含めすべてのクレドをまとめたクレドカードを、スタッフ全員に持たせています。くわえて各店舗では、毎朝の朝礼のとき、トップ陣の指揮の下、クレドの読み合わせをしています。こうして毎日、粘り強くクレドを伝えることで、組織の隅々にまで、クレドを浸透させているのです。

ここで、クレドを語る上司たちが工夫しているのは、**ひとつひとつにケーススタディを用意する**ことです。

たとえば、ル・クロのクレドには、こんな一文があります。
「ゲストに特殊な問題が生じた場合は、自分の通常業務を離れることになったとしても、必ずそれを受け止めて解決します」

この文章をただ読むだけでは、どのようなシチュエーションで求められる行動なのか、うまくイメージできないスタッフもいます。それでは、いくら読み合わせをしても心に響かず、ただ聞き流すだけで終わってしまうことでしょう。

そこでトップ陣のほうから、スタッフに問いを投げかけるのです。
「自分が料理を持っていて、両手がふさがっているときに、お客さまから『トイレはどこですか』と尋ねられたらどうする?」
「上司から『これやって』と急ぎの仕事を頼まれているときに、お客さまのご気分が悪くなったとき、どうする?」

こうして、具体的なシチュエーションを例に考えると、どのような行動をするべきなのか、体感的に理解できます。それに、「昨日こんなことがあったけど、こうすればよかったんだ」などと、実体験とクレドをひもづけて考えることもしやすくなるのです。

クレドを伝えるときは、ケーススタディを添えて。これを毎日くり返すことで、すべてのスタッフにクレドを確実に根づかせていくのです。

クレドの意味を言葉ではなく体感的に理解させる

明文化されたルールは極力作らない

ル・クロにおける行動指針は、すべて「お客さまの満足を追求するため」という軸が通っています。クレドカードにはいくつもの言葉が書かれていますが、すべては「お客さまの満足を追求するため」に必要なものとして1つにまとめることが可能です。極論すればル・クロには、お客さまの満足を追求すること以外には、ルールらしきものは存在しないともいえます。

僕は基本的に、**細かなルールを設けることは、経営上デメリットしかない**と考えています。

というのも、ルールは細かくするほど、行動を縛るものになってしまうから。その結果、「お客さまの満足を追求する」ために尽力しているスタッフの邪魔になる危険があるのです。

そもそも、お客さまの満足とは一様ではありません。あるお客さまにとっての満足が、別のお客さまの満足とは違うかもしれないということです。だからこそル・クロでは、すべてのお客さまに「おうかがい」を立て、その都度、こちらが提供するサービスを変えていく、という方針をとっているのです。

ルールを決めると、この「おうかがい」を立てる姿勢が損なわれてしまいます。

たとえば、婚礼のさなかに、雨が降りだしたとします。そのとき出席者の方々が傘を持ってきていなかったので、お店に常時置いている傘をお渡ししました。こんなことは、ルールとして定められているわけではありません。しかし、お客さまの満足を考えてそうするべきだと判断したら、ためらうことなく実行することでしょう。立ち返るべきは、つねに「お客さまの満足」であって、ルールではないのです。

逆に言えば、ル・クロでは、お客さまの満足のためなら何をしてもかまわない。お客さまの満足を追求するための具体的な試みについては、そのお客さまにいちばん近いスタッフの判断に委ねるということなんです。**ル・クロにおいては、ルールは行動を縛るためのものではない。むしろ、より自由に働くためのルールなのです。**

細かなルールは「お客さまの満足」を追求する妨げになる

料理人であってもサービスを学ばせる理由

ル・クロに入ってくる新人には、料理をやりたい人間もいれば、サービスをやりたい人間もいます。ただし、入社前の面接の場で言うんです。どちらか一方だけでいいのか、よく考えてみてほしいと。

レストランという仕事は、サービス業という大きな傘の中にあるものだとル・クロでは考えています。つまり、サービス業の傘の中にレストランがあり、そのレストランの中に、料理人やパティシエ、シェフやソムリエといった職種が含まれている、という意味です。

何が言いたいかというと、たとえ**料理人であろうとシェフであろうと、ソムリエであろうとパティシエであろうと、まずサービスマンであるべき**だということなんです。そこがわかっていなければ、たとえ料理の腕が一流でも、一流の料理人にはなれないのです。

こうした考えの下、入社したスタッフすべてに、たとえ料理人志望者であっても、まずサービス業を学んでもらいます。そこで「私はサービスはやりたくありません」という強い意志を持っている人を入社させることはありません。ただ、大概のル・クロ志望者は、そのことを理解してくれますね。

実際に、料理人のトップであるシェフになった後も、やはりサービスマンであることには変わりはありません。ですからキッチンにいるシェフであっても、表に出てサービスをするんです。調理場で作った料理を、作った本人が必要に応じてお客さまにサーブしています。

ほかのお店のシェフや料理人たちが見たらきっと

「そんな大変なことを……」

と驚くに違いありません。実際に大変なんですよ。普通、レストランのキッチンでは昼の営業時間中から夜の仕込みをしたりするんですが、ル・クロではサービスに忙しくて、それができないのです。ですから朝出勤してから営業が始まるまでのわずかな時間に、すべての仕込みをしておくことが必須なんです。

そうして営業時間中は、ポジションは料理人であっても、心がまえは「サービスマン」にチェンジします。だから、ル・クロでは、みんなが料理をお客さまのところへ運んでいく。それが自然なことなんです。

最短距離でシェフを目指したい、という子には、少々遠回りに感じられるかもしれません。ですが、僕はむしろこのほうが、一流の飲食人になる上での最短距離だと思うんです。もとより、飲食業界に入ってくるのは「いずれ独立したい」「自分のお店を持ちたい」と思っている人ばかり。ならば、いずれ独立する日のために、サービスそのものをしっかり身につけておくべき。そう理解できたスタッフは、積極的にサービス業そのものを学んでいくことになります。

目先の作業ではなく、サービスそのもののプロを目指す

「スタッフケアシート」で部下を見る目を養う

ここまでお話ししてきたように、ル・クロでは日々、トップ陣からスタッフへの声かけが行われていきます。ただ、ここには危険がつきまといます。もし、そこでトップ陣が見当違いのアドバイスをしたら、スタッフに、

「ああ、この人は自分のことをちゃんと見ていないんだな」

と失望されてしまうという危険です。こうして一度失われてしまった信頼関係を取り戻すのは至難の業です。ですからそうなる前に、日々、スタッフの一挙手一投足を見守っていなければならない。そのぐらい、上司から部下へのアドバイスというものは、シビアに行われるべきものなのです。

しかし、「スタッフをよく見る」と心がけているだけでは、いかにトップ陣といえども、忙しい毎日のことですから、いずれ息切れしてしまうかもしれません。

したがって、必要になるのは、**「トップ陣がスタッフをつねに気にかけ続ける」ための仕組み**です。そこで、ル・クロが取り組んでいるのが、トップが月に1度提出する「スタッフケアシート」という仕組みです。

これは何かというと、現場のスタッフ1人の心や身体の状態を、お店のトップ2人がチ

ェックするというものです。チェックのポイント自体は、さして珍しいものではないと思います。具体的に言えば、スタッフの最高の状態を100%としたときに、ル・クロのクレドの理解度は何%か、健康状態は何%か、仕事に向かうモチベーションは何%か、といったところがポイントになっています。

誤解していただきたくないのは、スタッフケアシートは、スタッフを評価するためのものではないということです。スタッフはトップ陣がこんなことをしているとは知りませんし、チェックの結果が給料や人事考課に反映されることもないのです。あくまでこれはトップ陣のため。トップ陣がスタッフを気遣う目を養い、またスタッフの心と身体の状態を把握することを習慣づけるためのものなのです。

ポイントは、お店のトップ陣2人が、1人のスタッフを別々の角度からチェックしているところにあります。彼らはチェックする際、お互いに意見を交わすこともありません。あくまで独断で、自分の目に映ったスタッフの姿をチェックするのです。

その後、2人のトップ陣のチェック結果を見せ合います。すると、お互いのチェック結果がたいてい異なるのです。たとえば、調理場のシェフからみたら80%なのに、ホールのマネジャーから見たら60%だということがあり得るのです。もちろんその逆のパターンもあります。

最後に、トップ陣2人は、このチェック結果の差がどこから来ているのか、話し合います。**同じ人間に対する見方でも、見る人間によって大きく違うことを確認し、またそのチェック結果の違いがどこから来るのか、検証するのです。**

そのうちに、わかってくることがあります。それはお互いに、それまで見えていなかった「そのスタッフのいいところ」です。

お互いのチェック結果の違いは、お互いの目のつけどころの違いを意味しています。つまり、相手に見えているものが、自分に見えていないということ。そこで、そのスタッフに、自分が気づいていない「いいところ」があると、思い知らされるのです。

こうして、**トップ陣2人は、スタッフケアシートによって、スタッフの心と身体の状態をつねに把握し、また「スタッフのいいところ」の見落としを防いでいる**のです。これなら、トップ陣からスタッフへのアドバイスやケアも、的外れになる恐れはありません。

このスタッフケアシートを導入して以来、トップ陣とスタッフとの絆が深まっているように感じています。というのも、トップ陣を飛び越えて僕のところに直接、仕事の相談をしに来るスタッフが明らかに減っているのです。昔は、トップ陣に言えない悩みを僕に直接言いに来るスタッフがいたものです。家族のたとえで言うと、お父さんやお母さんには言えなくても、おじいちゃんには言える悩みってありますよね。僕はそのおじいちゃんの役割だったのです。

それが減ったのは、トップ陣がスタッフを観察する目が養われたことで、スタッフの成長や異変などにいち早く気がつき、ケアするという態勢が整ったからだと僕は思っています。

2人の上司の視点から部下の心と身体の状態を把握する

昇進において実力以上に求められるもの

ル・クロにおける昇進の基準は第一に、そのスタッフがお客さまの喜び＝自分の喜びと感じられるかどうか。それができるようになった瞬間に、僕は彼らに昇進のチャンスを与えるようにしています。

この姿勢が身につかないうちは、たとえ上のポジションが空いていても、また上のポジションをこなす実力がついていたとしても、彼らを昇進させることはしません。レストラン業界というものは、たくさんのお客さまに愛されるほどに忙しくなり、体力的には厳しくなっていきます。そんななかで喜びを感じていくには、お客さまの喜び＝自分の喜びとする姿勢が絶対に欠かせないのです。

逆に言えば、その気持ちさえあれば、たとえ上のポジションが空いていなくても、新たなポジションをつくり、彼らに昇進のチャンスを与えたいと思っています。時にはそれが、スタッフのそのときの実力以上のポジションであることもあります。

昇進についてこのような方針をとっているのは、その子の「器」を僕たちが勝手に判断したくないからです。また彼ら自身にも、「自分の器はここまで」などと決めつけてほしくありません。そうした決めつけによって、彼らの無限のポテンシャルを引き出すチャンスが永遠に失われてしまうからです。

ですから**会社としては彼らに、わざと大きめの器、高めのポジションを用意するのが常**なのです。そのスタッフが自分の器のサイズを決めず、「もっと注いでください」という姿勢を見せるようなら、どんどん責任を与えていきます。

スタッフの「器」を会社が決めつけない

お店同様の「おもてなし」を社員に体感させる

ル・クロはしばしば、全社員が参加する催しをしています。たとえば、4月は夜桜を見て、8月には日帰り旅行。くわえて毎年、数泊する社員旅行を実施するのが恒例になっています。2011年は和歌山と奈良で一泊ずつ、スタッフたちの家族も連れて出かけてきました。そんなメンバーですから、単なる社員旅行というよりは、僕やトップ陣がスタッフとその家族にまとめて感謝する場、といったほうがいいかもしれません。

毎年、一人のスタッフが旅行の計画を立てるのですが、行き先についてはトップ陣が主体になって決めています。毎回、たとえば「もう食べたくない！と悲鳴をあげるぐらいカニを食べさせたい」などといったテーマがあるのですが、今回奈良を選んだのは、流れ星がよく見えるコテージに社員を連れていきたかったから。いつも忙しく仕事に打ち込んでいる僕たちですが、たまにはそうしたゆるやかな時間もみんなで共有したいと思っています。社員旅行は、その絶好の機会です。だから、これは社員旅行というよりも、大家族感謝旅行なのです。

もともと**ル・クロのトップ陣は、スタッフに対して「大切なお子さんを親御さんから預かっている」という気持ちでいます。**その子どもたちの数年間という短くない時間をいただく以上、その間自分がスタッフに対して何ができるのか、つねにトップ陣は問い続けています。それは仕事以外の面も含めて、です。

ル・クロでの現場は、ほかの大規模店に比べればかなり忙しい。どのスタッフも、それを覚悟した上で入社してきます。しかし一方で、人生は仕事がすべてではないというのも、僕らの確信なのです。人生という太い幹があるとしたら、その中心にあるのが仕事なのかもしれませんが、その周囲をがっしりと支えているのが、さまざまなプライベートの充実である、そんなイメージです。

つまり、**プライベートの充実なくして、仕事の充実もあり得ない**ということです。たとえばそれは、妻の出産に立ち会うことかもしれませんし、子どもの入園式や運動会に参加することかもしれません。人生における「その時にしかできないこと」、それをできる限り味わってほしい。そのためのサポートを、ル・クロは惜しみません。

さらに言えば、そういったサポートは、**スタッフに対するル・クロからの「おもてなし」**なのかもしれません。くり返しますが、僕にとってスタッフは、親御さんからの大切な預かり物。ですから本来は、お客さまをもてなすのと同じように、スタッフをもてなしたいと思っているのです。

そしてまた、スタッフ自身、おもてなしとはどういうものか、お客さまと同じ、おもてなしを受ける立場から体感することができる。**お客さまを家族のようにもてなすには、まず自分が家族のようにもてなされる経験をするべきでしょう。**そうすれば、今度はスタッフ自身がお客さまに対して同じような温かいおもてなしを提供できるはず。僕は、そんなふうに思っています。

自分がもてなされたように、スタッフはお客さまをもてなす

「やらされ仕事」をゼロにするプロジェクト・イベント挙手制度

ル・クロ内では、原則的に挙手制でプロジェクトやイベントの責任者が決まります。つまり僕がトップダウンで誰かにプロジェクトやイベントを任せることがないということです。

ここでいうプロジェクトとは、「いま会社に必要だと思われることすべて」を意味します。たとえば、社員旅行の計画立案、店舗のプロデュース依頼への対応、僕の鹿児島出張時のサポート役、オープン12周年記念Tシャツづくりなどなど。これらはすべて、トップ陣自らが提案し、自ら遂行することを誓ったものです。僕が経営者として彼らに命じたわけではありません。

こうした制度があるために、**ル・クロ内には経営者から一方的に命じられる「やらされ仕事」が基本的に存在しません**。また自分から手を挙げたプロジェクトなのですから、「やる気がない」と言うことすら許されないのです。責任のない立場からあれこれ批判するだけの「評論家」もいなくなります。**何か不満があれば、自ら手を上げて、自らの責任で改善していくこと。**それをトップ陣に義務づけているのです。

こうして挙げられたプロジェクトは、ル・クロ各店舗のパソコン上で共有管理されている「ｉｎｇ表」という資料にまとめられています。

そこにはつねに何十というプロジェクトの責任者と、いつまでに何をするのか、今どこまで進んでいるのかが管理されています。この仕組みがあるために、

「あのプロジェクトは誰が進めているんだ？」

「おい、こんなにスケジュールが遅れているじゃないか」

といったトラブルが起こる可能性をほぼゼロに抑えることができています。

またｉｎｇ表さえ見ておけば、会社内で行われている取り組みをリアルタイムで把握できるともいえます。したがって、**ｉｎｇ表はいわば、会社の航海図**。ｉｎｇ表によって、ル・クロという船は、針路を過たず航海しているのか、逐一確認できるのです。

社内の課題解決はすべて社員主導。経営者は口出ししない

ｉｎｇ表は経営者を孤独感から解放する

プロジェクト挙手制のメリットは、トップ陣のモチベーションアップのみに留まりません。

一般的に、「経営者は孤独なものだ」と言われます。いくらすばらしい社員に恵まれていても、最終的に経営に責任を負うのは経営者一人。身を切るような重圧のなか、ひとつひとつの経営判断をたった一人でこなしていく苦しさは、ほかの社員とは分かち合えるものではないという意味です。かつての僕も、そんな経営者の孤独を感じたことがあります。

しかし、挙手制によってプロジェクトの責任者を決め、その進捗状況をｉｎｇ表で管理しはじめると、トップ陣のあいだに「この会社を経営しているのは自分たちだ」という意識が芽生えてきました。それは、ル・クロという法人格を自分を含むみんなでつくっているという責任感にほかなりません。僕の指示を待つことなく、いま組織が必要としていることを、トップ陣みんなが挙手して提案してくれるのです。言うなればこれは、**経営者が僕以外に何人もいる**ようなものです。

トップ陣すべてが、経営者の責任を分担してくれている。おかげで僕はまったく孤独を感じなくなりました。僕は**一人でル・クロを経営しているのではなく、トップ陣みんなと**

力を合わせてル・クロをつくっているんだという気持ちが生まれたからです。

いわゆる孤独な経営者、孤独な上司がいるとしたら、それはル・クロのトップ陣にあたる人間に恵まれていないからなのでしょう。有能な部下が何十人といても、自分と同じ経営者の目線を持つ人間、同じ責任感を持った人間がいないということです。しかし僕は、トップ陣に支えられているおかげで、経営者の孤独を味わうことはありません。

幹部たちに責任を委譲するとトップの孤独感はなくなる

トップ陣の背伸びを促す「共有メール」

トップ陣からは朝晩、僕の携帯宛に業務報告メールが送られてきます。このとき、各トップ陣からのメールが全部CCで共有されていることで、面白い効果が生まれています。つまり、トップ陣はみな、ほかのトップ陣からの報告メールをタイムラグなしに読める環境にあるということです。

僕を含めて、ル・クロのトップ陣は現在10名ほどです。彼らは日々、自分以外のトップ陣からの報告メールを目にするわけです。すると、ほかのトップ陣には見えていて、自分には見えていないことが嫌というほどわかるんです。

「彼はここまでスタッフのことを細かく見ているんだ」

「彼はキャリテ・プリをこれほど追求していたのか……」

報告メールの共有は、トップ陣同士の気づきを促すのです。あるトップ陣の報告メールをきっかけに、メール上でトップ陣同士の議論が起こることもしばしばです。人の言葉に刺激を受けて、新たに自分の考えを膨らませていく、つまり周りのトップ陣が成長していく様子が、手に取るようにわかります。たとえば、それまでは僕が何か指示をしても「そうですね、理解できました」といっておしまいだったトップ陣が、「では、こんなアイデアはどうですか?」などと、自ら提案するようになっていくのです。

またこの仕組みによって、トップ陣すべてが「ライバルに見られている」意識を持つようになりました。切磋琢磨し合う同僚に「見られている」以上、つねに少しずつ背伸びをしないではいられない。これがまた、彼らの成長を促すのです。

僕のほうから、ほかのトップ陣のメールに目を通せ、議論をしろ、背伸びをしろなどと命じたわけではありません。**僕は、トップ陣からの業務報告メールを可視化しただけです。**しかし結果的にはそれが、トップ陣たちが相互にいい影響を及ぼし合うプラットフォームになりました。

報告メールを可視化するだけで人は育つ

言い訳から問いかけへと導く

一般的に、「しょうがない」という言葉は組織のなかでは好まれないものです。それは否定の言葉であり、諦めの言葉。部下がそんな言葉を口にするのを上司が聞いたら「何あきらめてるんだ、もっとがんばれ」とハッパをかけたくなるに違いありません。

でも僕は「しょうがない」は肯定的な言葉だと思うのです。正確にいえば、**「しょうがない」は肯定的な諦めの言葉です。**しょうがない、こうなったらやるしかない。そう思えたら、どんなことだってできるじゃありませんか。

ル・クロでは、起きることすべてが僕らにとっての修業のチャンスだと考えます。ですから、こんなにコストがかかりますとか、こんなに作業が増えてしまいます、といった言い訳は許されません。お客さまの満足につながるのであれば、そもそも言い訳の余地がないのです。そこで言い訳をした瞬間、お客さまの満足を追求する組織であるべきル・クロは、存在意義を失ってしまいます。

だからこそ、「しょうがない、やるしかない」、自分にそう言い聞かせて、今やるべきことに全身全霊を捧げるのです。

言い訳をしなくなった分、浮いた労力は「問いかけ」に費やすべきでしょう。

このことを痛感したのは、ぼくがスイスで修業していた時です。日本語が話せない環境では、言い訳したくてもできませんでした。言い訳せずに、状況の改善を図るには、「じゃあどうしたらいいんだ？」と自分に問いかけるしかない。

できない「言い訳」から、課題解決に向けた「問いかけ」へ。トップ陣は、スタッフをつねにそう導いていかなければなりません。

たとえば、

「こんなに仕事が多かったら、現場が回るはずがありません」

これが言い訳です。でもそこでトップ陣が、

「では、この仕事量でも回る体制をつくるにはどうしたらいいんだろう」

という質問をスタッフに投げかける。ここから問いかけが始まるのです。

トップ陣はまた、そうした問いかけをすることが、自らの喜びであることを、スタッフに気づかせていきます。

「これは、お客さまからいただいた成長のチャンスなんだよ」

「これを乗り越えたら、もっと多くの満足を、お客さまにご提供できるんだよ」

問いかけの最終的なゴールは、やはりお客さまの満足にあるのです。そしてル・クロに

おいてはお客さまの満足＝自分の満足。その価値観を身につけているスタッフであれば、どんなときであれ、問いかけをやめることはないのです。

言い訳を捨てさせ、問題解決に向けた「問いかけ」に集中させる

The staff's album

社員旅行

年に1度の社員旅行（全員参加）で
社員間の絆を深める

▲社員旅行は家族も参加。「誰に対しても裏表を見せない」という社内ルールに基づいている

全員参加は当たり前。▶
担当者の手腕が問われるイベントだからこそ、手を抜くことはない

あとがき

僕が生まれ育った鹿児島は、西郷隆盛をはじめとする日本の近代化に力を尽くした偉人たちの出身地でもあります。

彼らの言葉が、いまも「薩摩の教え」として語り継がれています。そのなかに、こんな教えがあります。

一．何かに挑戦し、成功した者
二．何かに挑戦し、失敗した者
三．自ら挑戦しなかったが、挑戦した人の手助けをした者
四．何もしなかった者
五．何もせず批判だけしている者

自分は、どの人間になるのか、決めなければならない。

僕はこの、それぞれの言葉の頭に、「人を育てることにおいて」と付け加えて考えることがあります。すると、これは上司に対する教えとしても読めるのです。

人を育てる立場にある上司は、自分がこの一から五のうちのどの位置にいるのか、たびたび振り返る必要があるのではないでしょうか。

そもそも、部下を育てる努力をしているのか。

部下を育てる責任を持つ自分を棚に上げて、部下の批判ばかりしていないか。

もし、部下に対する悩みを抱えているのなら、部下に問題があると考えるよりも、まず自分が上司としての責任を果たしているかを考えるべきだと思うのです。


人材育成とはまた、若い子たちに、こうした自分の原点に立ち返る、本質的な問いをくり返し語りかけることでもあると、僕は思っています。


何のために働くのか。

お客さまの満足とは何か。

お客さまの満足のために、自分は何をなすべきか。

自分はなぜここにいるのか。

自分は仕事を通して何をなすべきか。

ああしなさい、こうしなさい、あれはするな、これはするなと、小手先のアドバイスをするだけでは、部下の心は動きません。問いかけのないところに、気づきは生まれないからです。

本書では、気づきが生まれる環境づくりこそが、ル・クロにおける人材育成なのだとご紹介してきました。

とはいえ、環境づくりには時間がかかります。本書でも述べたとおり、組織は畑であり、人材は種。農業において、種選びよりも、畑づくりのほうがはるかに大切で、手間暇のかかるものであることは、誰もが知っていることです。

しかし、上司というものは、そこにこそ使命があります。くり返しになりますが、部下という種が芽を出し、大きな実りをつけることができるかどうか、それは上司からの働きかけにかかっているのです。

そしてまた、上司も気づかなければなりません。上司にとって部下こそが、気づきをもたらし、自分を育ててくれる畑になる。こうして、部下と上司がそれぞれ成長を促し合うことで、強い組織、ひいてはお客さまの満足という、もっとも大きな実りがもたらされる。僕はそう確信しています。

つまり**気づきとは、部下自らが、自分の可能性を発見すること。その手助けをする役を担う上司もまた、自らの可能性を発見すること。それが可能となる環境づくりに、僕たちは力を尽くさなければならないのです。**

具体的に言えば、ル・クロにおいては「お客さまの満足」というものにしっかり会社の羅針盤を合わせることです。僕たちは、お客さまの満足を追求するためなら、自分が持つ時間、体力、やる気のすべてを提供し、一切の言い訳もせずに実行します。つねに「お客さまの満足のために自分は何をするべきか」という問いを抱えながら仕事をしています。そのなかでスタッフたちは、お客さまに満足していただくことの意味、価値、自分が担っている責任の重さ、そして自らの可能性に気づいていくのです。

僕を気づかせ育ててくれた、薩摩の教え、さまざまなコンプレックス、大阪のレストランでの修業時代の経験、ヨーロッパでの修業時代の経験、ル・クロを愛してくださるたくさんのお客さま、ル・クロを助けてくれる業者さまほか仕事上のパートナー、そしてやはりル・クロを愛してくれるすべての社員とそのご家族に感謝します。

2012年5月

黒岩　功

黒岩 功（くろいわ・いさお）

レストラン　ル・クロ　オーナーシェフ
19歳で調理師免許を取得、21歳で全国司厨士協会の調理師派遣メンバーとしてスイスに渡る。ヨーロッパで3年間、三つ星レストラン「タイユヴァン」「ラ・コート・サンジャック」、二ツ星レストラン「ジラール・ベッソン」のシェフらに師事し、本場のフランス料理を学ぶ。帰国後、いくつかの有名料理店でスーシェフ、料理長を勤めたのち、2000年にフレンチレストラン「ル・クロ」をオープン。1号店は裏路地の和食店を改装したことから「靴を脱いで、掘りゴタツで箸を使って楽しめるフレンチ」として評判を呼ぶ。
これまで数多くのスタッフが“卒業”していくなかで、彼らの一部が数カ月から数年後に再び店に戻ってくることが相次いだことから、「気づきのメカニズム」を独自に追求。これにより、求人広告は12年間で2回しか利用しないなどスタッフの定着率が劇的に向上。他店からの就職志願者も後を絶たない。
現在は3店のフレンチレストランを経営する傍らウェディング事業、人材派遣、ケータリング事業、プロデュース事業、食育活動での講演会も積極的に行う。1967年、鹿児島県生まれ。

ル・クロ HP：http://www.le-clos.jp/

また、あの人と働きたい
辞めた社員が戻ってくる！
人気レストランの奇跡の人材育成術

Nanaブックス
0114

2012年5月28日　　初版第1刷発行

著　者――黒岩 功
発行者――林 利和
編集人――渡邉春雄
発行所――株式会社ナナ・コーポレート・コミュニケーション
〒160-0022
東京都新宿区新宿1-26-6　新宿加藤ビルディング5F
TEL　03-5312-7473
FAX　03-5312-7476
URL　http://www.nana-cc.com
Twitter　@NanaBooks
※Nanaブックスは（株）ナナ・コーポレート・コミュニケーションの出版ブランドです

印刷・製本――シナノ書籍印刷株式会社
用　紙――株式会社邦友

© Isao Kuroiwa, 2012 Printed in Japan
ISBN 978-4-904899-28-1 C0034
落丁・乱丁本は、送料小社負担にてお取り替えいたします。